U0852077

立人天地

星星雨：
星空下的幸福线

北京星星雨教育研究所 主编

黑龙江教育出版社

土星

用爱引航
二〇壹壹年第四期培训班留念

姜宇恒
檀应航
陈阳
2008年第一期
恒星班

星与心愿，
贝，我们知道你很不容易，
果你走不出自己的世界，就
我们走进你的世界吧！

2011

四期班
李浩铭

目 录

I

星星雨的20年

北京星星雨教育研究所是中国第一家专业服务于自闭症儿童的民办特殊教育机构，1993年由知名公益人物田惠萍女士创办，目前已为8587名自闭症儿童及其家庭提供过服务。

“星星雨”的远景：自闭症人拥有平等的发展机会，享受正常化生活。

“星星雨”的使命：通过专业技术支持、资源整合、社会倡导，为自闭症人士及相关群体提供优质服务，提升自闭症人的生活品质，促进社会接纳，引导社会服务的健康发展。

回顾：北京星星雨教育研究所的20年

1. 1993—1997年：草创期

“星星雨”有着一个不平坦的起点，初建时，仅仅是寻找固定的教室和稳定的老师都异常艰难，更不用说建立一套适用的教学模式，寻求足够的资金支持。所以当时团队的压力非常之大。

“星星雨”共搬过5次家：从北艺幼儿园的小房间到海淀培智学校的平房，从中国聋儿康复中心的过道到樱花西街小学的教室，最终才正式定居东旭新村。

最初的几年，由于场地受限，设置简陋，教学经验不足，发展很是艰难。“星星雨”和孩子们一起成长着，从简单的户外运动到系统的运动课，从自制的简单用具到各式各样的训练器材，孩子们得到了更多的锻炼。

1993年12月，“星星雨”的步伐艰辛但却有力，一步一个脚印地实现着“星星雨”的最初蓝图与梦想。

（1）田惠萍：我只想做母亲。

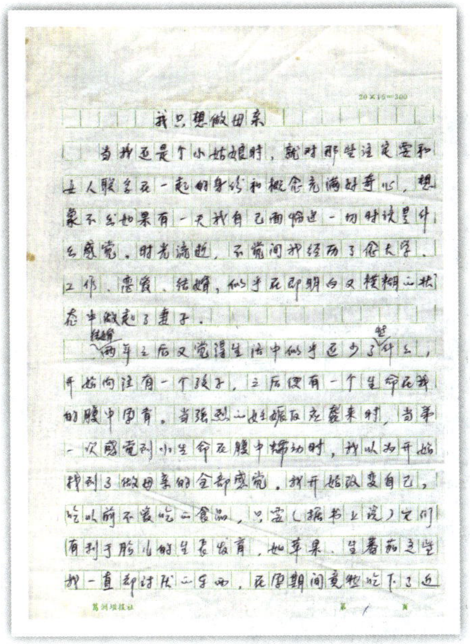

我只想做母亲

当我还是个小姑娘时，就对那些注定要和女人联系在一起的身份和概念充满好奇心，想象不出如果有一天我自己面临这一切时该是什么感觉。时光流逝，不觉间我经历了念大学、工作、恋爱、结婚，似乎在即明白又模糊的状态中做起了妻子。

结婚两年之后又觉得生活中似乎还少了些什么，开始向往有一个孩子，之后便有一个生命在我的腹中孕育。当强烈的妊娠反应袭来时，当第一次感觉到小生命在腹中蠕动时，我以为开始找到了做母亲的全部感觉。我开始改变自己，吃以前不爱吃的食品，只要（据书上说）它们有利于胎儿的生长发育，如苹果、豆、番茄之类我一直都讨厌的东西，在孕期间竟然吃下了近

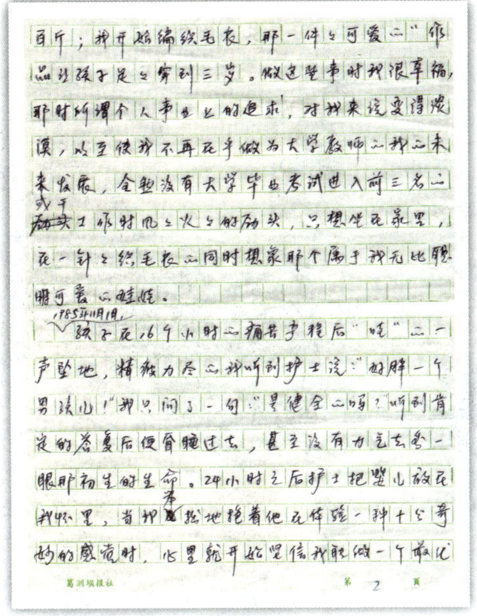

百斤；我开始编织毛衣，那一件件可爱的"作品"让孩子足足穿到三岁。做这些事时我很幸福，那时所谓个人事业上的追求，对我来说变得淡漠，以至使我不再在乎做为大学教师的我的未来发展，全然没有大学毕业考试进入前三名的或干工作时风风火火的劲头，只想坐在家里，在一针针织毛衣的同时想象那个属于我无比聪明可爱的娃娃。

1985年11月1日，孩子在16个小时的痛苦挣扎后"哇"的一声坠地，精疲力尽的我听到护士说："好胖一个男孩儿！"我只问了一句："是健全的吗？"听到肯定的答复后便昏睡过去，甚至没有力气去看一眼那初生的生命。24小时之后护士把婴儿放在我怀里，当我本能地抱着他在体验一种十分奇妙的感觉时，心里就开始坚信我能做一个最优

（2）1993年3月15日，北艺幼儿园，“星星雨”的第一个家。

“自闭症儿童训练班”在北京的一家幼儿园开张。

虽尚不知所措地面对孩子，
却已信心十足地面对未来。

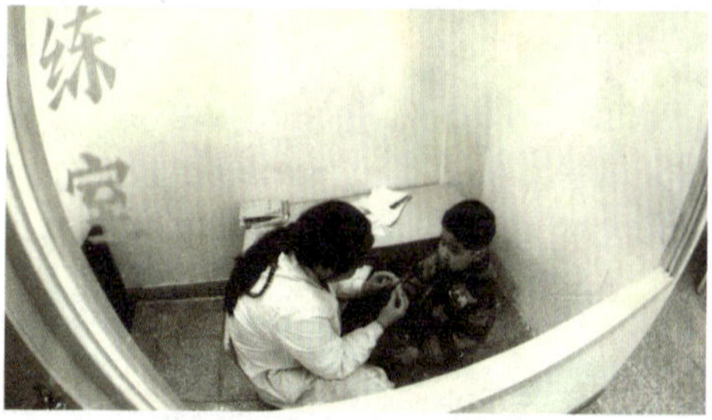

老师在给孩子上训练课。

“训练”的萌芽从此开始。

（3）1993年5月，机构搬迁到海淀培智学校。

由于利益问题，被赶出北艺幼儿园。在海淀培智学校的陋室中，希望学校办下去。

在室外临时搭建的厨房中，家长协助做饭。

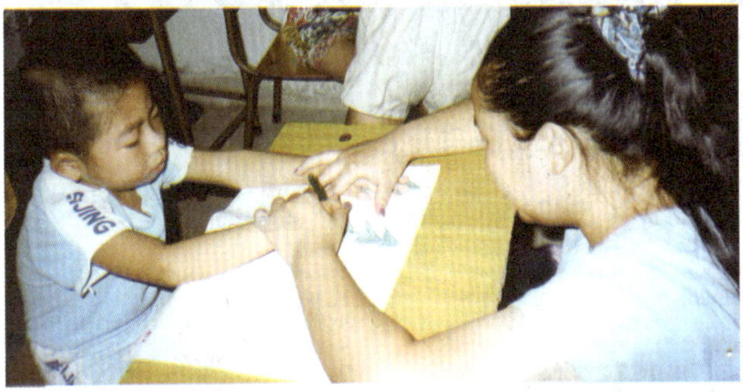

狭暗的教室中，中国自闭症儿童早期教育的探索依然迈出艰辛的步伐。

炎热的夏天，有些课程只能在户外的树荫下进行。

（4）1993年5月22日，“星星雨”第一次被报道。

健康报 周末版

JIAN KANG BAO

1993年5月 22 星期六	农历癸酉年四月初二	国内统一刊号 CN11—0010 代号1—20 第3846期	周末·21·

在我们身边，有一些患有孤独症的儿童，他们被称作“星星的孩子”，因为他们像天外来客一样，不能和社会相互理解与沟通。在京城，有这样一位母亲，自觉肩负起教育训练患病儿童的责任。然而，她的事业从开始就显得崎岖又坎坷。但是她说

星星知我心

——对田惠平和孤独症儿童的追踪采访

文／杨秋兰

第一次见到田惠平是在北京电视台一个关于“母亲节”的专题报道中。作为一个孤独症儿童的母亲，田惠平以她不幸的遭遇、深挚的爱心赢得了人们的同情。她娓娓地叙说着自己的故事，说到动情处，她的眼里充满着泪水。但是田惠平的故事中最能打动我的，还在于她以自己博大的胸怀接纳了更多的孩子——她抛弃了自己原来优裕的工作生活条件，创办了一个孤独症儿童训练班。田惠平的故事深深地吸引了我，我决定对她的行动进行一次追踪采访。

（一）

站在我面前的田惠平比在电视上更娇小柔弱，一副南方人典型的清秀面容使她看起来比实际年龄36岁要年轻。

一见面，她没有诉说自己

研究还刚刚起步，这些孩子中的绝大多数由于上述种种原因而被排斥在社会之外。

儿童孤独症之所以越来越引起人们的注意，是因为人们在一些病儿身上发现了超乎寻常的潜能。国际上有一种观点认为，患孤独症的儿童分为高能孤独症和低能孤独症两种。高能孤独症儿童如果早期施行建设性、启发性教育和训练，有可能发展成为某方面的奇才，即人们常说的“白痴学者”。而如果这种潜在的智能在早期被破坏掉，这类孩子就可能成为一个真正的精神病患者。所以也有人说，这些患孤独症的儿童实际上是徘徊在天才和愚人之间的。治疗孤独症还没有特效药，所以语言和行为训练就成为这些孤独症病儿走入正常社会的重要的甚至是

棒，强强患的是儿童孤独症——一种到目前为止在医学上几乎毫无办法的疾病。

这个严酷的事实使田惠平的命运发生了根本性的转折。今年春节过后，她带儿子到北京医科大学精神卫生研究所住院治疗时，一个偶然的机缘，使她下决心让这些不能被社会接受的孩子们得到爱心和机会。今年3月，她在京城一家民办幼儿园里附设了一个孤独症儿童训练班，给那些曾经像她一样饱尝了人间不幸的父母带来了一线希望。

田惠平与从事孤独症研究的医生们合作，为每个孩子制订详细的训练计划。短短两个月他们花费了较之正常儿童教育十几倍、几十倍的努力，班里6个孩子的症状终于都有了不同程度的改善。

做事情不向我们汇报，就擅自做主。她整天和新闻界打交道，做这件事就是为了出名。

和田惠平合作的老师却说：这几个月办班我们是怎么过来的旁人根本无法想象。24小时没白天没黑夜地干，人有时被孩子们折磨得似乎要发疯了。面对的是这样一群孩子，没有超凡的耐心和勇气是根本做不了的。

和田惠平合作的医生说：田惠平是个非常有事业心的人。但她在社会经验和人际交往上似显不足。但孩子的家长都对她反映很好。最重要的是孩子们的症状确实已不同程度地改善。

田惠平对她所面临的处境报之以苦笑。她说：“商品经济大潮涌动，你干一件事，人家都会有种种猜测。若为名，

据我所知
北京办了这么
患病的儿子却
留在湖北的母
平的丈夫正在
惠平说带儿子
工作，分散她
等到一切安顿
上正轨再把儿
啊，作为对儿
人了解的田惠
不知道孩子的
有着多么重要
切又都为了什
田惠平的
越多的人。那
训练过的孩子
激她，有关医
门也在关心着
平提供各种各
在台湾，

《健康报》周末版以《星星知我心》为题，对田惠萍和自闭症儿童进行了追踪采访。

（5）1993年9月18日，中国聋儿康复中心向自闭症儿童康复事业伸出援助的手。

1993年9月18日，中国聋儿康复中心向走投无路的孤独症儿童康复事业伸出援助的手，47.5平方米的走廊成为“星星雨”新的家，仅有的几件家具几乎都是借来的。

聋儿康复中心走廊上课组图。

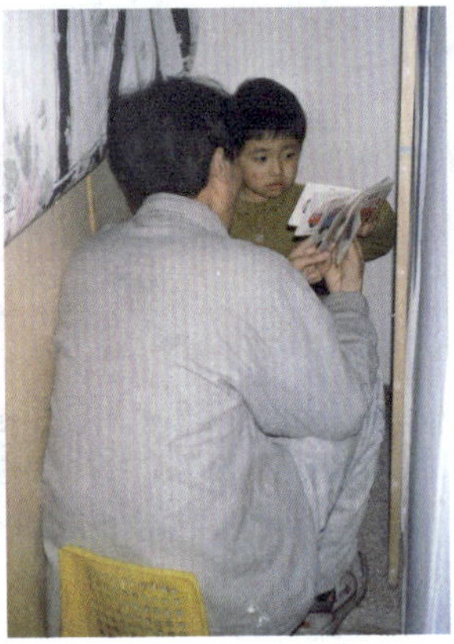

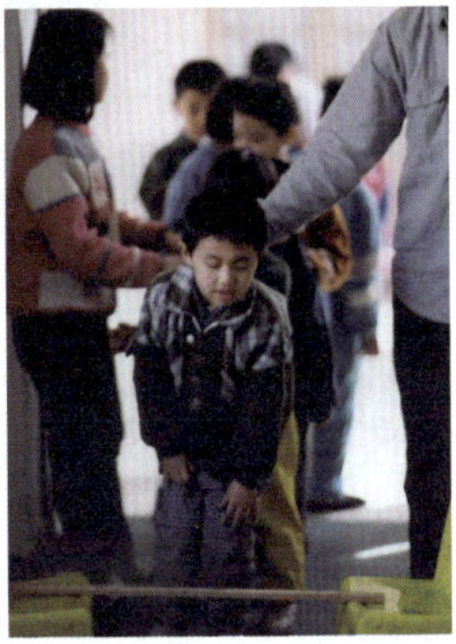

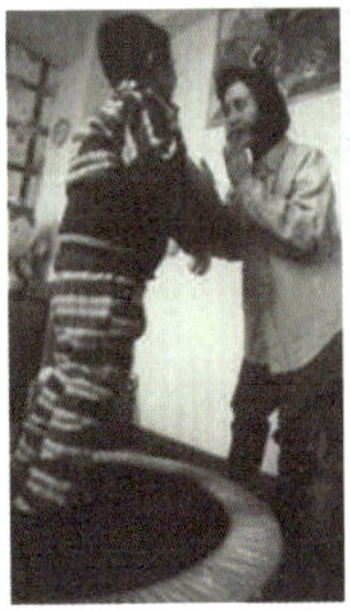

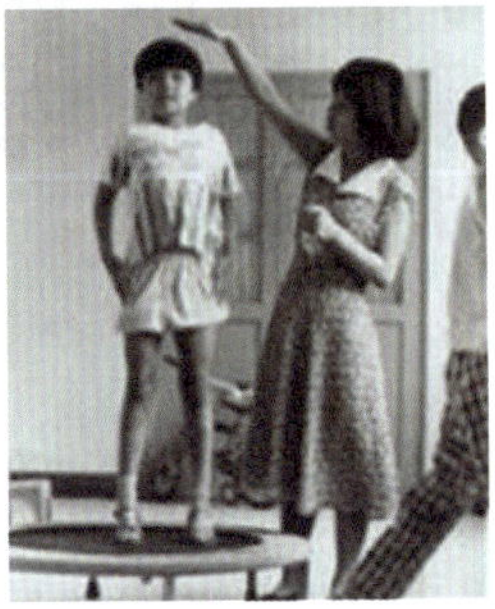

运动课，在因陋就简地进行着。

在一起学习的孩子。

（6）“星星雨”重视每一位曾经工作过、正在工作和即将加入的员工。

（7）1994年3月16日，在“星星雨”创办周年之际，举办了“自闭症儿童康复训练现场报告会”。

1994年3月16日，在“星星雨”创办周年之际，举办了“自闭症儿童康复训练现场报告会”。

“星星雨”的工作日益受到社会各界的关注。

台湾专家刘弘白先生现场教学示范。

（8）1993年12月，北京市朝阳区工商局正式为其注册成“北京星星雨教育研究所”。

营业执照正副本。

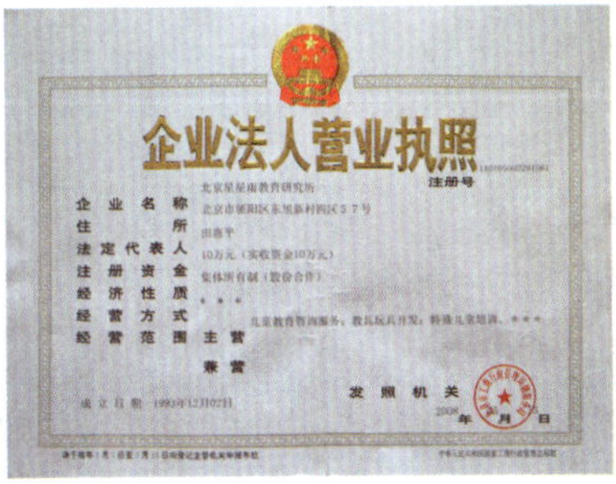

企业法人营业执照

注册号

企业名称 北京星星雨教育研究所

住所 北京市朝阳区东旭新村四区57号

法定代表人 田惠平

注册资金 10万元（实收资金10万元）

经济性质 集体所有制（股份合作）

经营方式 ＊＊＊

经营范围 主营 儿童教育咨询服务，教具玩具开发，特殊儿童培训。＊＊＊

兼营

成立日期 1993年12月07日

发照机关

2008 年 月 日

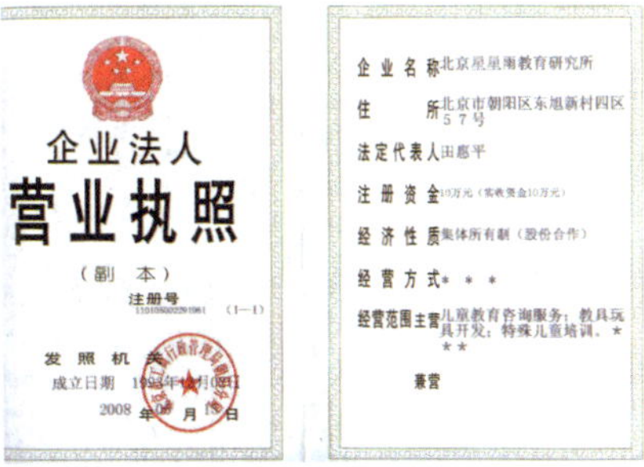

企业法人

营业执照

（副本）

注册号 （1—1）

发照机关

成立日期 1993年12月07日

2008 年 月 日

企业名称 北京星星雨教育研究所

住所 北京市朝阳区东旭新村四区57号

法定代表人 田惠平

注册资金 10万元（实收资金10万元）

经济性质 集体所有制（股份合作）

经营方式 ＊＊＊

经营范围主营 儿童教育咨询服务，教具玩具开发，特殊儿童培训。＊＊＊

兼营

（9）1994年，“星星雨”开始受到来自国际友人的关注。

1994年4月26日，加拿大驻华使馆发展参赞潘允中先生及加拿大合作小组基金协调员史高德先生来到“星星雨”，主动提出从“加拿大”基金中为我们提供一笔援助。

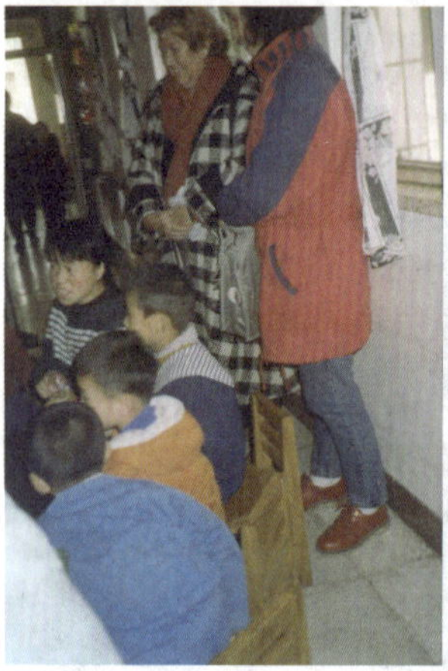

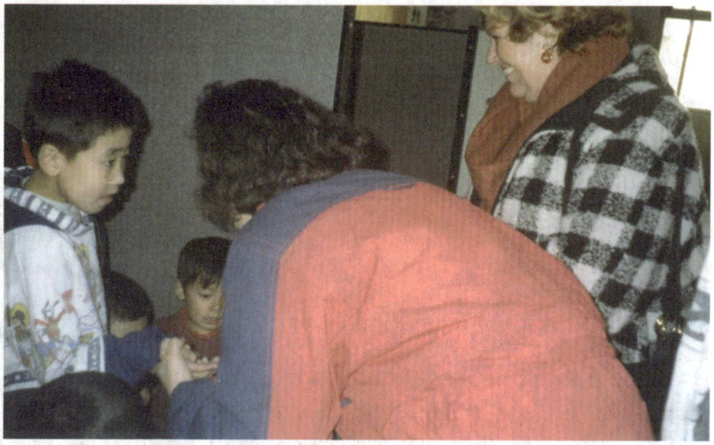

1994年11月11日，德国驻华大使馆经济合作处的官员Godknecht参观“星星雨”。

美籍华人唐玲女士（左）转送来另一位美籍华人简鸿权先生捐赠的三千元人民币，表达了对“星星雨”的关心。唐玲及其朋友捐款三百美元。

（10）1994年冬，家长、老师和爱心人士在聋儿康复中心楼下公园举办活动。

（11）1995年，台湾资深义工卢妈妈来到“星星雨”指导，并首次提出了家长培训理念。

（12）1995年，来自北京中医药大学的志愿者们第一次将孩子们带到公园游玩。

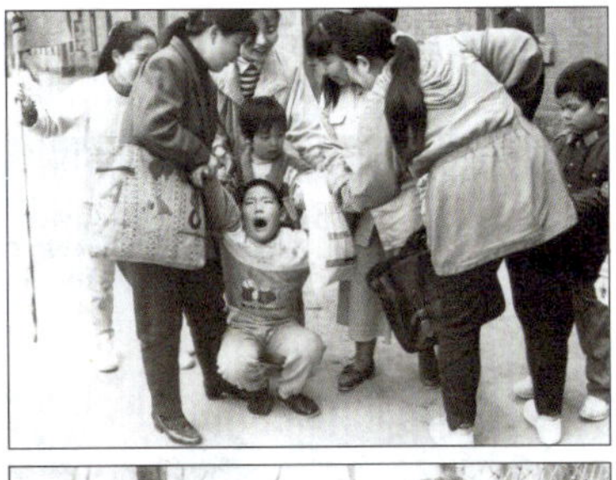

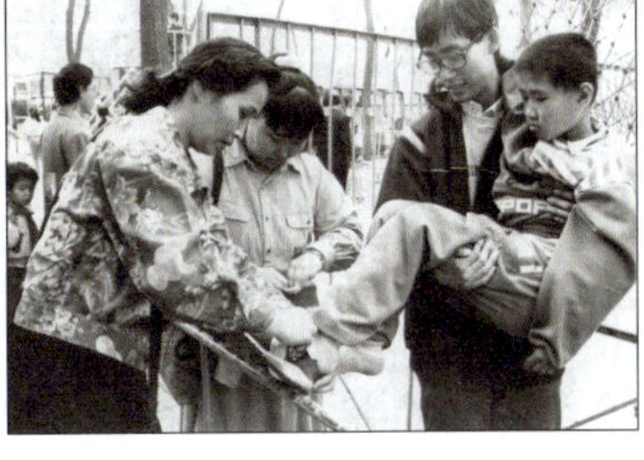

（13）1995年10月，“星星雨”又完成了一次“迁移”，在朝阳区樱花西街小学三楼找到了它的第四个居所。

也许明天我们会被社会吞噬掉——“公益”在“商品潮”面前太软弱，但只要能生存一天，我们带给社会的仍然是——对理想的追求和欢乐。

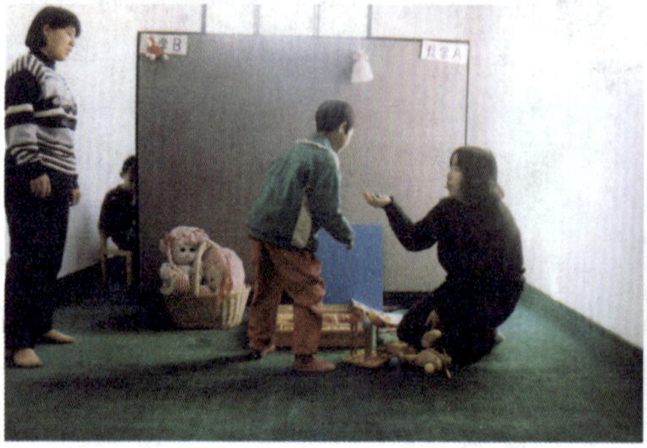

在樱花西街小学，我们又有了新的开始。

（14）1995年10月，“星星雨”确立家长培训制。

（15）1995年12月，所长田惠萍应邀参加由中国科协，美国公民大使协会联合举办的“中美特殊教育研讨会”，并在会上作了“中国（大陆）自闭症儿童社会生长背景分析”的报告。

“星星雨”作为此次研讨会的六个参观点之一，迎接了来自美国的四十余位特殊教育工作者，这也是“星星雨”第一次有国际特殊教育专家到访。

美国客人对“星星雨”的创业历程及顽强精神给予了极高的评价。他们留下了美好的祝福和三千多元人民币的捐款，也带走了在中国的美好经历。

（16）1996年1月，在德国大使馆内举办的为捐助“星星雨”专场晚会做义卖。

（17）1996年，日本人会妇女部捐赠玩具。

（18）1996年9月，日本专家荫山英顺教授、白崎研司校长亲临“星星雨”指导，并向“星星雨”捐款。

（19）1996年11月，德国大使馆举办了一年一度的“圣诞义卖”活动，此次义卖为“星星雨”筹集善款10万元人民币。

（20）1997年1月，“星星雨”再次搬家到东旭新村，买下了东旭新村一套别墅，“星星雨”从此正式定居在东旭新村。

（21）1997年“六一”前夕，北京经贸大学学生会来“星星雨”慰问孩子们，为他们带来了礼物。

（22）1997年7月23日～8月21日，日本专家白崎研司在“星星雨”指导。

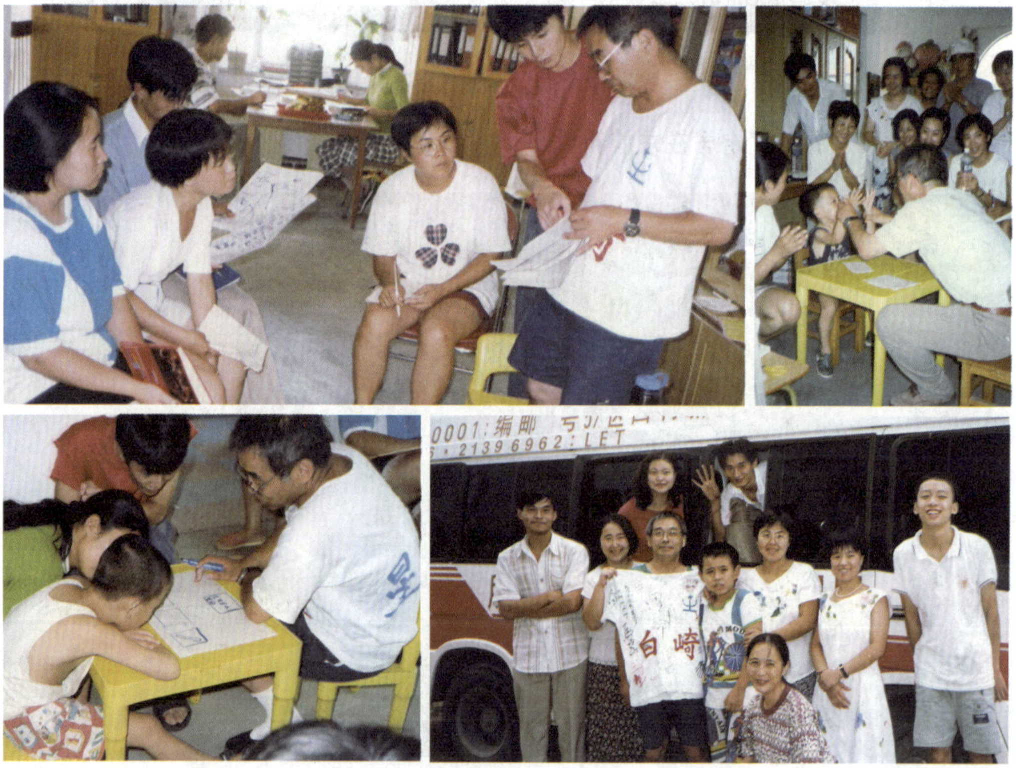

（23）1997年9月，“星星雨”举办自闭症儿童康复训练培训班，本次培训班由加拿大基金提供资助。加驻华大使及发展处官员到场贺礼。

加驻华大使及发展处官员到场。

来自中国台湾地区的专家及内地有关领域的专家到现场指导、交流。

2. 1998—2002年：学习期

当“星星雨”逐渐稳定下来，我们开始思索“星星雨”的组织架构和未来。为了更好的发展，我们开始向各方取经，到国外的机构参观学习，并引入非政府组织的专业管理和运营理念。

我们的目标逐步清晰，也渐渐明确了“星星雨”作为NGO的重要使命。新鲜血液的注入也为“星星雨”增添了活力。

（1）1998年，田惠萍受加拿大大使馆邀请到加拿大参加国际人权培训班和民办非营利组织管理培训。

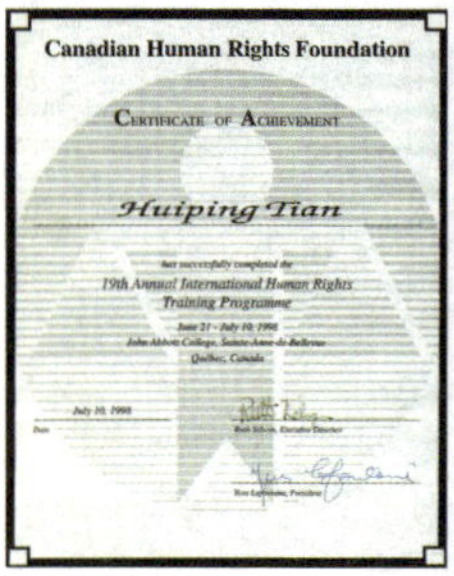
Canadian Human Rights Foundation
Certificate of Achievement
Huiping Tian
has successfully completed the
19th Annual International Human Rights
Training Programme
June 21 - July 10, 1998
John Abbott College, Sainte-Anne-de-Bellevue
Québec, Canada
July 10, 1998

参加培训的邀请函

本次国际人权培训班由加拿大人权基金会组办，学员来自35个国家。

（2）1998年，“星星雨”开始进行分工，建立部门制度。“星星雨”的服务开始走向专业化、体系化。

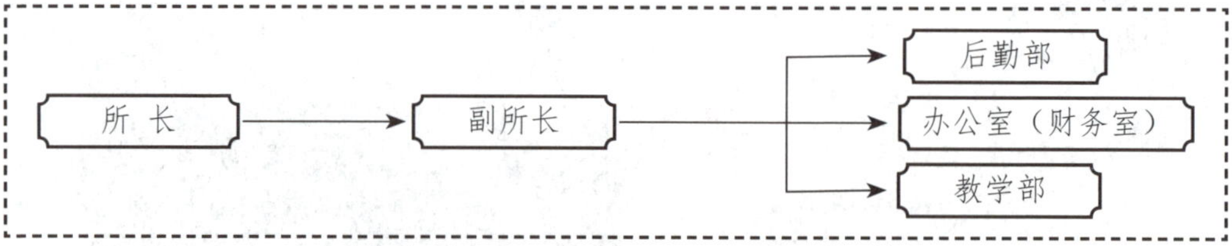

（3）1998年4月，加拿大发展部长等一行人参观“星星雨”。

听取介绍——五年风雨历程磨炼出来的“星星雨”。

与北京师范大学志愿者交流。

（4）德国大使馆的夫人们曾多次为“星星雨”举办募捐活动。1998年5月，大使夫人参观“星星雨”，并将1997年圣诞捐款转交给“星星雨”。

（5）1998年11月，时任加拿大总理克瑞蒂安及访华团的部分成员，到“星星雨”参观。

（6）自1998年起，“星星雨”接受观摩和咨询服务。

（7）1998年加入的新员工使“星星雨”注入了新鲜血液。

（8）1999年，法国心理医生米歇尔先生首次来到“星星雨”，为家长做心理访谈。

米歇尔先生与“星星雨”老师合影。

（9）2000年，民政学院的10名新老师来到“星星雨”，开始从事自己所热爱的教师工作。

2002年日本专家白崎研司为老师们进行专业培训。

日本专家白崎研司和老师们在一起。

3．2003—2007年：规范期

“星星雨”走过了十年的历程，在师资、硬件、教学、制度等方面都有了一定的基础，同时逐渐被国内外的同行所认可。如何进一步发展，如何帮助更多的自闭症儿童家庭就成了新的目标。于是“星星雨”开始尝试进行战略规划，尝试建立理事会和发展部，尝试和美国相关机构建立长期联系，尝试开展国际性研讨会，尝试建立“心盟孤独症网络”平台，尝试建立志愿者管理体系。

希望通过自己的影响力，带动中国自闭症行业的发展，让更多的国人了解什么是自闭症，尊重生活在身边的自闭症者。

这期间还发生了一件事情——“非典”，亲历“非典”的“星星雨”大家庭得到了历练。一面是志愿者发烧，员工受隔离，课程被迫取消；一面是叠千纸鹤，设立祝福墙，开展内部培训。“星星雨”将这场灾难变成了生命的馈赠。风雨之后，“星星雨”对未来有了更多的憧憬和信心。

二〇〇3年五月卅日
今天我们終于解放了！！

（1）2003年3月，“星星雨”成立十周年，邀请众多知名国际专家举办了主题为“孤独症与行为分析训练法”的研讨会。

（2）2003年5月11日，经过“非典”的考验，解除隔离。

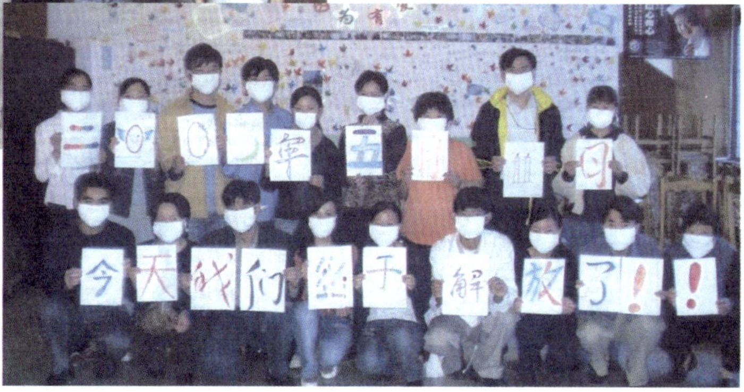

（3）2003年起，开展异地家长培训服务模式。

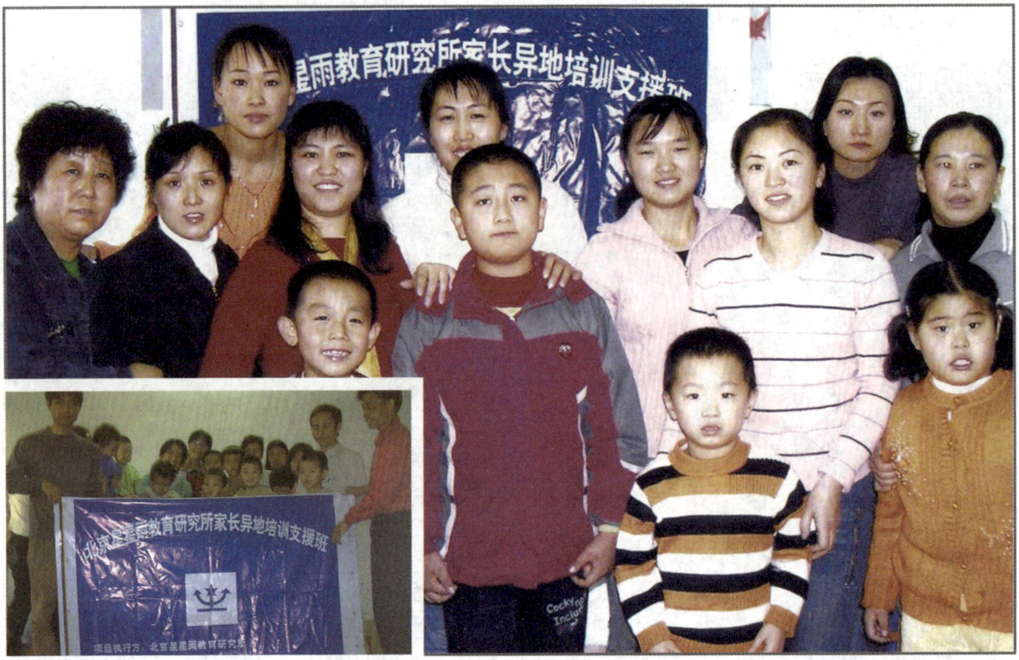

（4）2003年5月17日，《华南早报》对田惠萍创办自闭症培训机构进行了采访。

A SARS TRAGEDY I PETER HUMPHREY

How China let down its autistic children

The Sars outbreak has inflicted a sudden and undeserved fate on China's only specialised school for autistic children. The Stars and Rain Education Institute for Children with Autism was forced to shut down after one of its volunteer researchers caught the disease. About 50 families with children at the school returned to homes across China, potentially spreading the virus.

A reopening date for the school has not been set. It is an admirable non-government organisation with which I have been associated for the past two years as chairman of the Beijing Rotary Club. The club has channelled financial support to the school. Since the institute depends in good measure on fees received from the families that use the school, and not only on donations, it now faces a serious cash crunch in the months ahead that could cause long-term damage.

The case is a vivid example of China's inadequacies in handling a major health crisis. There are positive and negative lessons to be learned. The new central government leadership has committed itself to fighting Sars but it faces another uphill battle – getting local institutions to play responsible roles.

Stars and Rain is internationally recognised for its pioneering role in creating a centre of hope and excellence for families with autistic children in China. The institution celebrated its 10th anniversary in March with a tremendous sense of achievement and one that was well-merited. Some 2,000 autistic children have benefited from the training that they and their parents received at Stars and Rain in recent years. In my visits to the school I have always been deeply touched to see so many autistic children being helped to emerge from their mental darkness and to learn how to communicate with those around them.

The founder and director of this wonderful school is Tian Huiping, a dedicated professional who has never sought any personal benefit from her mission – other than to share with the victims of autism her lessons, her experience, her love and dedication. She herself is the mother of a seriously disabled autistic child. And as head of Stars and Rain, she is the mother of one of China's earliest successful NGOs led by a woman.

Stars and Rain is situated in the village of Dongxu Xincun in the countryside outside Beijing. It operates four semesters a year, bringing in up to 50 families at a time to receive education and therapy that will help them handle the autistic handicaps of their children and give them a better chance in life. The knowledge they obtain from the centre is taken back to their communities. They form mutual support networks that now are interlinked across the country. Ms Tian's accomplishment in a country still very unsympathetic towards the mentally handicapped is enormous.

This makes the Sars disaster that has hit Stars and Rain all the more tragic.

Cui Lei, a 28-year-old Chinese woman, is a researcher in special education who had spent recent months at the school as a volunteer while she gathered material for a master's thesis. She had been researching children's special education in Japan

medical check-ups before they should leave. This was all happening at the height of the panic over Sars.

Ms Tian began phoning the government institutions and hospitals that the authorities had advertised as being responsible for handling Sars. She was given a bureaucratic run-around. Everywhere she called, she got fobbed off and redirected to another number or another organisation. It was a classic example of irresponsible buck-passing. It seemed that nobody wanted to know anything about some weird school for mentally disabled children in a village that nobody had ever heard of. And nobody wanted to know that 50 families exposed to a Sars-infected patient were about to scatter to the four corners of China, potentially carrying the disease across the nation.

In her numerous calls, Ms Tian pleaded for intervention. She wanted a quick medical investigation into the situation and an intervention that would, if necessary, prevent those 50 families from travelling. She had very responsibly collated a list of names, addresses, phone numbers, flight numbers and train schedules, ready to hand over to the authorities. Unfortunately, local institutions were unable to react appropriately.

On April 24, things reached a crisis. A local hospital finally diagnosed Cui Lei as having severe acute respiratory syndrome. Then, a few hours later, it threw her out, saying it could not treat her. Meanwhile, the 50 families had just left for destinations all over China. Ms Cui had no alternative but to seek medical assistance in Beijing. That afternoon, she underwent a heart-rending journey from one Sars-designated hospital to another as each turned her away.

> **"Nobody wanted to know about some weird school for mentally disabled children in a village that nobody had heard of. Nobody wanted to know that 50 families had been exposed to a Sars patient"**

Close to midnight, as Ms Cui stood for the second time at the gates of the You An Hospital, Ms Tian and friends of the stricken volunteer called me to ask for help. My Chinese wife and I worked the phones trying to persuade doctors and staff in the hospital to let Ms Cui in, otherwise she could infect many other people. After endless, persistent telephone conversations we managed to have Ms Cui admitted into one of You An's emergency observation rooms for the night. The next morning, she was belatedly moved to an isolation ward. One of the first things hospital staff did was to demand 8,000 yuan (HK$7,520). Ms Cui's family in a faraway

visiting officials took a full statement from Ms Tian and pledg their support for Stars and Rain. They took away the details o the 50 families and began tracking them down.

Before this visit, Ms Tian and about 15 teachers had alread imposed a voluntary quarantine on themselves and stayed o the school premises – a converted supermarket and restaura in the middle of the village. They maintained an emotional vi for the health of Ms Cui and prayed for the 50 families, as we as for the survival of Stars and Rain. Both of Ms Cui's lungs w severely affected by her illness and she spent considerable ti on a respirator. She had difficulty talking, and we communicated with her via text messages to and from her mobile phone.

In the past few days, Ms Cui has begun a fragile recovery. Doctors this week said they believed she was finally emergin from danger and would recover over the coming days. The government had made a special effort in her case to make su that she would not die. We have heard that the 50 families we traced and quarantined and that so far none of them has bee diagnosed with Sars. Unfortunately, the husband of Stars and Rain's bookkeeper has contracted the disease, along with several others in the village including a taxi driver. Last Sunda the school's teachers completed their quarantine and went home, and Ms Tian saw her autistic son Taotao for the first ti in two weeks.

There were some awful lessons in all of this. The 50-year-o communist institutions were incapable of handling a crisis su as Sars in a professional manner. The bureaucrats and their ossified mindset could not respond properly to the challenge. The mindset of many hospital staff is not what you would expect from health workers; many are not in their jobs to protect people's health but to extort money from patients. To many are often greedy, bureaucratic, obstructionist and inept. The health sector is very corrupt.

A few days before Ms Cui went into hospital the governme had announced a large fund to help Sars victims, but here – plain and clear – was evidence that the little people on the ground suffering from Sars were not yet benefiting from the government decision.

There is clearly a gulf between central governments directives and the on-the-ground realities in China's wayward and backward health sector, between decision and implementation. There is hardly any service motive in China's health system, and there is a lack of professional managemen which is impeding Mr Hu's Sars initiatives.

Xinhua published an article about the Stars and Rain saga and the Cui Lei case that was circulated among senior officials It was not published for the wider public. The article was extremely critical of the way in which lower-level institutions reacted, and such reporting is a most welcome development. So, as local government institutions stood paralysed during th early stages of this crisis, was the inertia due to a lack of training? Or were people waiting for orders from somebody higher up?

（5）2003年，“星星雨”少年部开班，为学龄期的自闭症孩子及家长提供服务。

（6）2003年，田惠萍所长和薄宏莉老师受到《朝日新闻》邀请到日本参加自闭症大会，参观当地机构，接受了TEACCH的培训。

TEACCH研讨会部分主讲人。

TEACCH研讨会部分听众。

到日本当地机构参观交流。

（7）2003年，“星星雨”发展部成立，当时的发展部成员还只有一人。

（8）2004年6月14日，在北京师范大学举办的中美特殊教育需求大会上，北京星星雨教育研究所的所长田惠萍女士从美国“心灵之春”主席杰瑞W.辛格顿先生的手中接过Shaklee教师奖的奖杯——一座母子牵手携进的铜像和1000美元的奖金。

（9）2004年，福特基金会资助九千多美金由PACT协助“星星雨”做第一个《三年战略计划》。

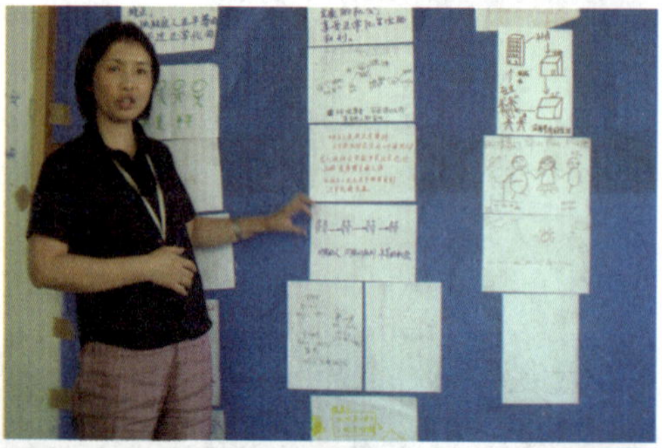

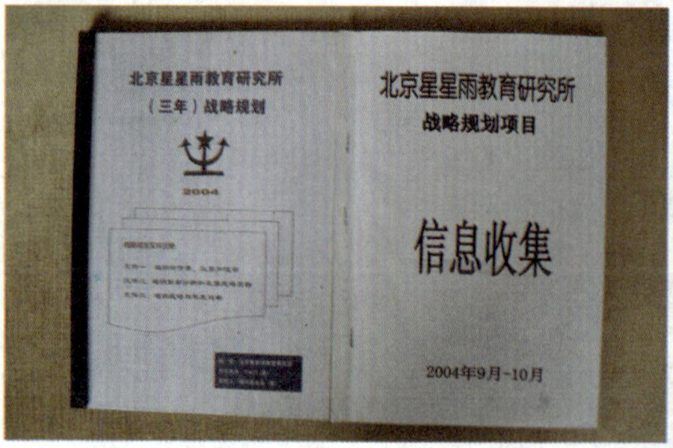

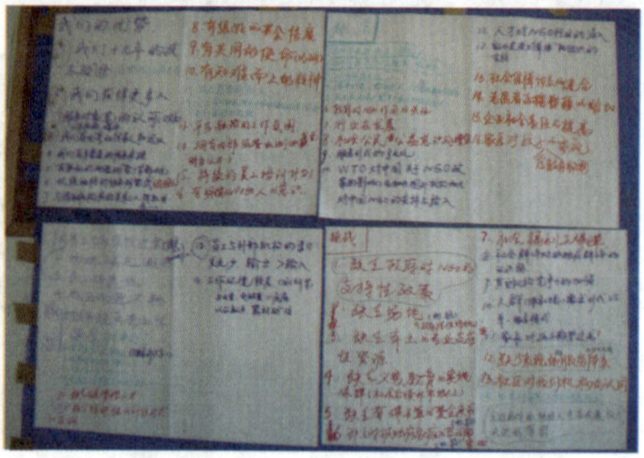

（10）2005年，“星星雨”发起“心盟自闭症网络”。网络支援成员机构的组织能力建设培训和行动指导，教师专业知识培训和工作指导。

心盟自闭症网络第一期教师培训训练班结束。

心盟自闭症网络第一次NGO基础知识培训。

心盟通讯创刊号。

心盟自闭症网络通讯。

（11）2005年，“星星雨”理事会建立，选举朴永馨教授为第一届理事长（图片右一）理事会成员从左到右依次是：Bill Kazer、杨团、梁枫、甄岳来。

（12）2005年，志愿者管理体系建立。

www.autismchina.org www.guduzh.org.cn

北京星星雨教育研究所志愿者工作体系

一、志愿者的招募

【志愿者应具备的条件】

（一） 自愿原则为基础
（二） 有爱心、 工作踏实乐于奉献，责任心强，能够认真做事情
（三） 不怕脏不怕累，有志于帮助孤独症孩子及其家庭的爱心人士
（四） 在工作中可以守时并保质保量的完成工作
（五）服从各项活动负责人的安排，积极与老师沟通

【志愿者注册程序】

注册按照以下程序进行：
（一） 填写“北京星星雨教育研究所志愿者注册登记表”
（二） 志愿者组织须填写北京星星雨教育研究所志愿者组织注册表格 ；每次活动结束后，需各组织负责人向星星雨递交参加活动的人员名单
（三） 须认真阅读各项工作说明并对工作做出选择

二、志愿者的培训

部门制定志愿者工作必读手册

三、北京星星雨教育研究所志愿者职责说明书

注：（一）志愿者职责说明书以部门为单位进行说明
（二）工作导向，教学部照顾孩子的活动多一些，办公室和发展部主要以办公室工作为主，各部门都配有少量的卫生保洁工作，请按自己志愿工作的兴趣进行查找并阅读说明

四、志愿者工作评估方案

（一）志愿者采用自我评估的方式，填写问卷（用于周五下午照看孩子活动）

志愿者姓名 ：	所属组织（个人请注明）：	孩子姓名：
孩子给你的总体感觉： 孩子说话的状况： 孩子入厕次数： 孩子是否吃零食： 和孩子进行的游戏/活动： 有无异常情况发生：		
你参加活动的感受：		
你的建议：		
你的联系方式：	你的电子邮箱：	
		北京星星雨教育研究所

（二）由负责人对队内志愿者进行评估
需要一名负责人进行督导，此负责人对照看孩子活动有一定的理解，
问题：评估是否客观
（三）由工作人员评估
由于志愿者人数众多，虽能肩负起协调责任，但是评价不会很仔细

1

（13）2005年“星星雨”建立了“星星雨教师培训基金”为教师到美国“心灵之春”访问学习提供了资金保障。

2005年7月美国之行使“星星雨”与“心灵之春”建立了姊妹学校关系，为今后“星星雨”教师陆续赴美进修创造了基本条件。

此后每年“星星雨”都会派教师到美国“心灵之春”参观学习。

（14）2005年起，“星星雨”与日本美谷会建立了姊妹学校关系，先后有多名教师到日本参观学习。

吴良生、李敬、樊庆伟先后到日本美谷会参观学习。

（15）2006年11月14日“星星雨”开始了新的服务项目——养护训练班。感谢米索尔基金会、德国大使馆和西安杨森制药有限公司的资金支持，感谢日本美谷会和朝日新闻厚生文化事业团给予技术支持。

来自日本横滨市仲町台地域支援科企划研究系主任中山清司老师（左三）在给养护班老师培训。

从2002年起，每年都会有来自德国的志愿者来到“星星雨”做为期12个月的志愿服务。目前他们主要在协助养护部的老师们做日常的生活照料和课程辅助。

举办TEACCH教师培训班，为各地机构培养专业教师。

（16）“星星雨”在专业领域得到了国内外专家支持，专业认可度日益提升。

（17）2007年，“星星雨”完成了第二个《三年战略规划》，感谢各部门的通力协作和全体员工的积极参与，感谢NPP和马士基（中国）航运有限公司提供的技术指导。让我们共同期待未来，为目标的实现而努力。

（18）2007年是“星星雨”在行业网络工作最有成效的一年，超额完成了战略规划的任务，我们努力为同类机构提供支援的同时，也提高了“星星雨”在行业里的地位，员工自身的能力也大有进步，特别是在项目管理方面，逐步走向正规化。

（19）2007年4月，中日第一届TEACCH疗育研讨会在北京师范大学举办。

（20）2003—2007年，“星星雨”开始通过多种渠道筹款，并且开展活动以提升社会对自闭症的认识。

4．2008年—至今：突破期

自闭症逐渐成为大众词汇，社会对“星星雨”的关注度也提升到新的水平。“星星雨”在开展常规的教学活动基础上，拓展了更多的项目和活动。

到目前为止，“心萌自闭症网络”已联合160家同类机构，有力地带动了行业发展。“星星雨”与20余所北京高校建立联系，使志愿者活动进入常规化。不仅如此，和“心灵之春”的合作也由交流互访上升到培训和项目合作的高度。

“星星雨”成为壹基金海洋天堂项目华北地区的枢纽机构，推动华北地区自闭症关爱救助项目的发展。2010年，中华少年儿童慈善救助基金会设立星星雨专项资金，使星星雨拥有了“公募权”。与此同时，在经历了执行主任轮换制、新一届执行主任的选拔、决策型理事会的建立以及理事会新的成员的加入等过程后，“星星雨”锻炼并形成了一支强大有力的管理团队。

“星星雨”的实力在壮大，“星星雨”的活动在拓展，我们力求在海内外为中国自闭症家庭发出更加铿锵有力的声音。

（1）2008年，在志愿者帮助下，“星星雨”完成了校舍环境的美化工作，相信这童趣的图案孩子们会很喜欢。

（2）2008年3月1日～13日美国姊妹学校“心灵之春”首次访问“星星雨”，之后每年“心灵之春”的专家们都会到“星星雨”访问并指导。

此次访问一行四人包括“心灵之春”的理事长Jim Wong（右一），执行主任Gary Wsingleton（左一）和两位有着极丰富专业经验的专家Connie Coulter（左二）& Lindsay Randle(右二）。访问期间，他们对“星星雨”教师进行为期十天的专业培训，同时田惠萍所长就今后的合作计划与“心灵之春”的理事长和执行主任进行商讨。

（3）2008年，“星星雨”荣获壹基金典范工程。

（4）2008年，实行“执行主任轮换制”，向第二代领导人过渡。

（5）2009年，由薛晓路执导、编剧的电影《海洋天堂》拍摄过程中的图片故事。

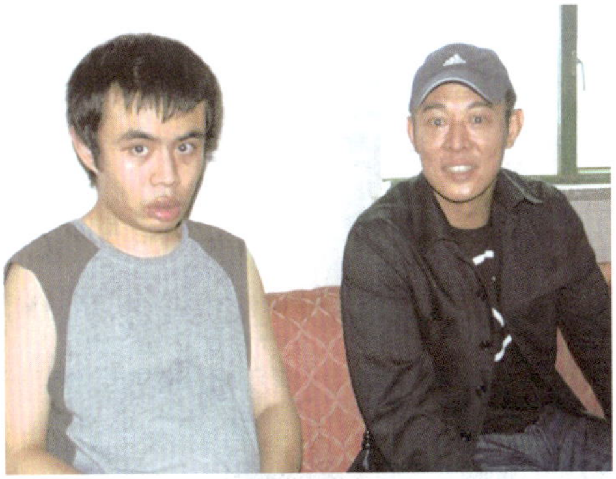

（6）2009年12月，由加拿大宋庆龄基金会资助，邀请苏珊娜到“星星雨”进行了题为《应用行为分析 / 言语行为训练》的培训。

（7）2010年2月7日召开第二届第一次理事会议，由顾问型理事会转化为决策型理事会，选举田惠萍女士为理事长，朴永馨教授为名誉理事长。任命孙忠凯为“星星雨”第一届常任执行主任，任期4年，结束“执行主任轮换制”。

第一任常任执行主任孙忠凯与李连杰先生。

第二届第一次理事会议。

（8）2010年4月2日，在北京大学生命科学学院邓佑才报告厅举办了第一届“我们的世界”自闭症儿童美术作品展开幕仪式。

电影《海洋天堂》主创团队到场参与活动。

志愿者团队表演了精彩节目。

（9）2010年5月18日，德国总统夫人科勒女士到访“星星雨”。

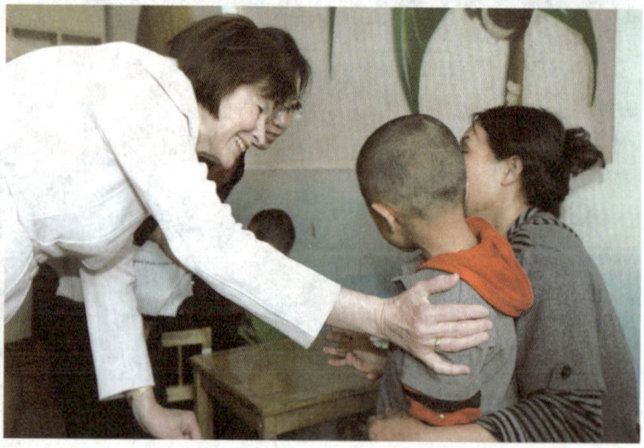

（10）2010年，“星星雨”陆续主编了《认识孤独症》《ABA与孤独症》《孤独症儿童疗育方法概述》三本手册。

（11）2010年，“星星雨”为满足家长们的需求，开始专业测评及家庭训练执导服务。

（12）2010年6月，在中华少年儿童慈善救助基金会，成立“星星雨”专项基金，“星星雨”从此拥有公募权。

（13）“星星雨”作为壹基金海洋天堂计划枢纽机构挂牌，以推动华北地区自闭症关爱救助项目。

（14）2010年9月，法国心理医生米歇尔再次来到“星星语”为家长进行心理访谈。

（15）2011年“六一”儿童节，土豆网发起的“大森林里的小梦想——六一公益圆梦”活动在“星星雨”举办，知名演员赵子琪，歌手苏醒、李菲儿与孩子们共度快乐的儿童节。

（16）2011年，第二届“我们的世界”自闭症儿童美术作品展举办。

自闭症儿童美术作品进行展览。

拍卖活动上，为爱心人士颁发证书。

（17）2012年2月2日，田惠萍应邀参加德国总理默克尔晚宴，并代表“星星雨”赠送了精美礼物。

（18）2012年4月2日，在壹基金的倡导下，开展蓝色行动•自闭症儿童关爱活动，点亮国家游泳中心（水立方）和玲珑塔。在北京各高校及蓝色行动分会场也进行了丰富多彩的活动。

（19）2012年年底召开理事会，增补三名理事，分别是魏丽萍、韦东、杨柯。

（20）2012年12月，TEACCH教师培训班获得朝阳区政府购买服务项目的支持，为本区域培养自闭症人康复指导员。

2013年春节前夕，北京市朝阳区残联康复部主任许建林来到“星星雨”慰问。

（21）2013年3月15日，“星星雨”迎来了20岁生日。回顾我们过去20年的成就，展望我们未来的发展方向，感谢每一位曾经帮助过我们的捐赠人及志愿者。感谢我们曾经服务过的9000多个家庭和他们的孩子，是他们的故事让我们相信，面对自闭症孩子，除了挑战还有更多快乐。

田惠萍：爱的海洋就是天堂

田惠萍，中国第一家自闭症服务机构——北京星星雨教育研究所的创始人。1996年2月，应德国外交部及德国联邦自闭症协会的邀请，到德国考察德国自闭症人的社会康复体系等。1997年3月～6月参加美国ELM培训“社会服务领域的NGO领导人培训及自闭症儿童的早期干预与康复”。

2000年11月应美国国务院邀请，参加“国际访问者计划”赴美考察“自闭症人的训练及社会服务体系”，1994年被美国《读者文摘》（亚洲版）评为“今日英雄”。1998年代表“星星雨”赴卢森堡参加“世界自闭症组织”成立大会，并作为创始成员签字。2004年获美国“心灵之春”颁发的“特殊教育奖”。

1. 与自闭症儿子在一起

李连杰主演的温情故事片《海洋天堂》讲述的是一个单身父亲带着生活不能自理的自闭症儿子的辛酸经历，自闭症儿子成年后，独自照料他的父亲却患了癌症，为了让儿子有个归属，父亲只好带着儿子一起划着一只小船，在大海的深处自沉……电影中感人至深的情节，感动了所有观众，自闭症患者这个特殊的群体，由此引起了社会高度关注。

中国首家服务于自闭症患者的专业机构——北京星星雨教育研究所的创办人田惠萍，也有一个患自闭症的儿子，而她和儿子间的故事，正是《海洋天堂》的现实原型。

当她抱着朝思暮想的儿子时，儿子一点反应也没有，而且挣脱着不要她抱。

1988年从联邦德国留学归来之前，田惠萍的人生一帆风顺。

她是“文革”后恢复高考的1978级大学生，1982年毕业于四川外国语学院德语系并留校任教，天生丽质的她与一起留校的同班同学结婚，3年后，有了一个可爱的儿子弢弢。此间，他们夫妇俩调到了重庆建工学院。

田惠萍至今仍骄傲地说：“我从没见过哪个孩子有弢弢小时候那么漂亮。”

1986年4月，在弢弢只有五个多月大时，休完产假不久的田惠萍得到学校给她一个公费出国的机会，到联邦德国（前西德）学习两年，而且需要立刻前往。事情来得这样突然，几乎不容她多想一天，否则机会将转给他人。很快办理完手续后，田惠萍割舍下嗷嗷待哺的儿子就去往了西德。

在德国学习的两年间，儿子由田惠萍父母带着，每周一封信，信中永远都是孩子很好，很健康，寄去的照片也是漂亮的儿子一天天长大的照片。

1988年，田惠萍回国的第二天去父母家看儿子，当她抱着朝思暮想的儿子，让他喊声妈妈时，儿子一点反应也没有，而且挣脱着不要她抱。刹那间，田惠萍感到自己与儿子竟有着咫尺天涯的陌生感，儿子身上表现出一种她无论如何也不明白的东西。她有意识地回避这种东西的怪异和神秘性，以为只要加倍付出爱便可以缩短这份陌生的距离。

这时田惠萍才知道，两岁的弢弢并没有像同龄孩子那样学会说话，学会与人交流，而是只会一些简单的叠音词，但谁也不会去往孩子有毛病那方面想，只是说男孩说话较晚，“贵人语迟，不鸣则已，一鸣惊人”，不用太多的去担心。

这个漂亮的儿子仿佛一直生活在自己的世界里，经常自言自语，自己唱歌，但不会用自己的语言与他人进行交流。

抱着侥幸的心理，田惠萍把儿子送进了幼儿园，便开始安排一家人的工作和生活。

田惠萍回国3个月后，她丈夫就自费去了德国留学，儿子的问题让她越来越难以安心。

先是幼儿园老师发现弢弢不会交流，而且老师教的东西，他几乎不懂，上课经常离开座位，毫无表情和要求。

田惠萍每次问弢弢，“今天你在幼儿园开不开心？” 弢弢会四下张望着自言自语说“开不开心？”问他“在学校吃了什么？”他也只会重复着说“吃什么？”

儿子仿佛一直生活在自己的世界里，经常自言自语，自己唱歌，可以模仿别人说话，但不会用自己的语言与他人进行交流。

直到1989年秋，她带弢弢去看儿科精神门诊部的医生，医生简单问了几句，就说：“你儿子患上了自闭症，很重，成年后生活怕是难以自理了。”

这次简短的问诊，田惠萍回想起来至今仍历历在目。因为，从此她的人生轨迹开始改变。

一年后，丈夫无法接受自闭症的儿子，提出离开她和弢弢。

婚姻的破碎，让田惠萍感受到了前所未有的打击……

绝望的田惠萍有时会声嘶力竭地骂弢弢，有一次，当她再次面对弢弢的答非所问时，懊恼之极的她卷起床上所有的东西，向站在地上的弢弢砸了过去……

和很多自闭症孩子的父母一样，田惠萍也想到了放弃，决定带着弢弢一起离开这个世界。一天晚上，田惠萍把积攒已久的安眠药碾碎放进粥里，先盛了一碗给弢弢，又给自己盛了一碗，当弢弢正准备喝下这碗粥时，田惠萍本能地冲过去打掉了弢弢手里的那碗粥，“弢弢，妈妈对不起……”

抱着儿子，田惠萍撕心痛哭。

一天，田惠萍带着弢弢走在街上，一辆大公交突然冲来，她下意识地拉了一把弢弢，但是只抓走了弢弢手里的零食，弢弢仍然站在原地，田惠萍顿时眼前一黑，“完了，弢弢……”，只听见一道急速刺耳的刹车声，当她睁开双眼时，看到了公交车斜顶到路边，司机和路人全吓傻了。

既然老天都要弢弢活下去，我又有什么资格带他走呢？田惠萍下定决心，要让弢弢活下去。

这其中的艰辛，除了自闭症孩子的家长，外人无法体会。

一次外出，弢弢在公交车上突然紧张起来，拍打了前排一个孩子。无论田惠萍怎么解释弢弢的病情，被打孩子的家长都不罢休，当田惠萍和弢弢下车时，遭到殴打，直到报警才获救。

回家路上，弢弢放声大哭，田惠萍感到极度的无助。

1992年年底，田惠萍决定带弢弢到北京做医疗上的最后一次尝试，住进了北京大学第六医院，这是全国知名的精神病医院，在那住院期间，她结识了14位自闭症患儿家长，有了办一所自闭症康复学校的想法。

这一想法源自于她从医生那里看到了一本名叫《自闭症儿童的行为训

练》的书，还有医生告诉她“全中国约有40万名自闭症患者”这个信息。

说干就干，1993年一开春，田惠萍辞掉了大学里的铁饭碗，带着弢弢来到了北京这个举目无亲的陌生城市。

办自闭症康复学校，并不顺利，第一个校址，只招了6名自闭症学生，办了不到一个月。后来又辗转在聋儿康复小学和樱花西街小学，但终究因“影响他人”、房租难等而再次被赶出。庆幸的是，最终，中国第一家服务于自闭症儿童的专业机构——北京星星雨教育研究所注册成立了，校址定在了北京通州区。

没有教材，靠着一本《自闭症儿童的行为训练》复印本和自己的摸索，田惠萍开始帮助自闭儿康复。有时候就是拿弢弢做试验：比如，为了训练弢弢自己上学，她第一次把弢弢送到教室，告诉他哪位是老师；第二次把弢弢送到学校路口，看他自己找到教室和座位；第三次目送弢弢自己乘公交上学……每一次细小的努力都让田惠萍看到了希望。

渐渐地，社会好心人和一些国际公益组织开始关注并支持星星雨，从最初的3000元捐赠，到1万元、2万元、13万元，再到李连杰壹基金100万元的资助，星星雨逐渐壮大。

“我会好好活着，把儿子先送走，白发人送黑发人对于自闭症家长来说，不是悲痛，而是一种莫大的解放。”

《海洋天堂》的导演薛晓路，1994年刚开始做星星雨的志愿者。

田惠萍没想过做大事，她只是想让像弢弢一样的孩子得到社会的认识和尊重。但没想到自己创建的小平台，目前已经为全国6000多个自闭症儿童家庭提供了培训。田惠萍也因其公认的培训效果，受邀到全球30多个国家去学习、交流。

尽管知道自闭症的人越来越多，但田惠萍还是希望获得社会对自闭症患者的关心和消除社会对他们的歧视。

没有想到，薛晓路早就和田惠萍有同感，并开始以她和弢弢为原型，写了一部叫《海洋天堂》的电影剧本，唯一不同的是田惠萍是一位母亲，没有患癌症，而剧中是一位患癌症的父亲。幸运的是，薛晓路和李连杰一拍即合，而且李连杰零片酬主演。

电影上映后，自闭症受到社会的强烈关注，“这是对我17年来为星星雨奔走的最好回报。”

有记者问田惠萍，“如果你不在了，弢弢怎么办？”她的回答很自然，“我会好好活着，把弢弢先送走，白发人送黑发人，对于自闭症家长来说，不是悲痛，而是一种莫大的解放。”

“或许这样的回答有些悲情，但我一点也不难过。”田惠萍说，“大学缺我这样一个德语老师，影响不会太大，但作为一名自闭症康复先行者，让大众了解了自闭症，让自闭症患者和家长有勇气和信心活着，这是更有意义的。这都源自于我的自闭症儿子弢弢，他改变了我的人生轨迹，让我和他的生命都充满了阳光，活得更精彩了，我很享受儿子给我的生命历程。”

“这几天弢弢同朋友们去旅游了，下个月我要去美国会见克林顿，他们会给自闭症患者更多的关注和支持，这同弢弢一样，是我现在最看重的。”田惠萍会心的微笑溢于言表。

2. 为了“大福”们的微笑

（1）缘起 《海洋天堂》

在一次电影频道对《海洋天堂》主创的采访中，主持人问导演薛晓路“我看到在电影中文章扮演的大福总是沉浸在一种微笑中，现实生活中的自闭症人都是这样的吗？”晓路向当时也在场的我这边望了一下，回答说：“是的，弢弢（原名杨弢）在妈妈的身边就总是露出迷人的微笑。”

不久前一位记者在采访中问我：“你现在最想为弢弢做的事情是什么？”我说：“我无法说有哪一件是最想为他做的，因为我生命存在的价值就是为了他的生命尊严的体现。我只能说，20多年来，我所做的一切都是为了弢弢脸上能浮现出笑容。每当看到弢弢露出那温和、平静、舒展的笑容时，我的感觉就只有一个词能形容——融化。”

在《海洋天堂》筹备期间，薛晓路（我们好友都称她“路路”）曾数次带着可能是“大福”扮演者的年轻演员到我家，然后我们一起去游泳（因为弢弢喜欢游泳，并游得很好）和吃饭（这是弢弢的另一个主要嗜好）。路路每当看到弢弢面对妈妈时的那种笑容就会提醒：“你看，弢弢只有和妈妈在一起才会有这样的笑容。”当被问到为什么会选文章扮演《海洋天堂》中的大福时，路路说：“首先我希望这是一个有好看的相貌和迷人的笑容的人……”1994年就到“星星雨”做志愿者，与我成为密友16年的路路，在生活中也见到、听到过不少笑不起来的大福的故事，这些都为她最终创作出《海洋天堂》的剧本奠定了扎实的生活基础。让大福的微笑在父亲过世后也能继续下去——这是导演薛晓路的心愿，是电影《海洋天堂》想要传达的意境。

首映式的那天，我因被邀请去参加走毯仪式，将弢弢托付给“星星雨”的老师们照料。像我们的生活中经常发生的那样，在他离开家门走下楼梯的时候，弢弢回头对我嫣然一笑——但在那天的那一刻，我被这笑容震撼了，震得我浑身无力，内心被不知从何翻滚而来的巨浪打得生疼，打得粉碎。

弢弢，妈妈不可能永远厮守在你的身边。我是那么地害怕，害怕我走之后你的身边没有人了解你，没有人知道什么是自闭症或孤独症，那才是真正的孤独，是永无欢乐的自闭。17年了（1993年到北京创办“星星雨”），妈妈所有的努力，就是为了在我身后，你的世界仍然充满微笑。今天，电影《海洋天堂》的首映是一个里程碑，自闭症在中国将不再是一个陌生的词。妈妈累了，其实不应该再外出奔波，只想与你相守，享受那种平静、普通的生活。

（2）从了解自闭症人做起

让“大福”在生活中有微笑，其实并不容易。因为自闭症人在社会交往方面有本质性的障碍——不能够理解和遵守社会交往的规则（如什么场合应该做什么）；不能够正确地使用社会交往常见的工具（语言、表情、动作等）。

随着他们年龄的增长，他们貌似正常的外貌经常会使得周围的人对他们的能力和潜力估计太高，因而导致被周围的人（包括家长）误解，这种误解又会带来身边人的失望和绝望。当自闭症人身边的人不能够尊重他们的特点，只是一味地要求他们学习和改变时，自闭症人就会处在一种紧张和不安全的精神状态中。为了保护自己和逃脱外界的压力，他们常常呈现出两种行为类型：

攻击性和破坏性，表现在对周围的人和物品的攻击和破坏。在全世界，成年自闭症人的攻击性行为问题都是社会照料体系（从研究领域到服务层面）不容忽视和需要认真对待的课题。

自伤和退缩。与攻击和破坏性行为特征一样，只是更多地表现在对自己身体的伤害，如撞墙、猛烈地打击头部、磕击下巴、抠或咬身体的某一部位、揪头发、玩口水或将自己捆绑、包裹起来等。

以上两种类型又可以统称为“暴躁性行为”。

目前的临床观察和研究已经表明，自闭症人成年过程中与成年后的暴躁性行为与他们不能与外界达成的有效沟通最相关。也就是说，他们无法让周围的人理解自己，无法有效地表达自己想要什么，或不想要什么。

同时，周围的人也往往想当然地认为他们需要什么，总是在强迫自闭症人按照我们的想象（标准、意愿）去学习和成长，最可怕的是强迫他们接受一些所谓的训练和治疗，其结果只能造成自闭症人对外部世界的不信任，越发没有安全感。

（3）爱的海洋就是天堂

当人的内心对自己所处的环境充满恐惧、不信任时，笑容从何而来呢？所以当你和一个自闭症人相处时，会发现他们总是在对着没有人的地方微笑，那微笑往往短暂，稍纵即逝。是什么拿走了他们的笑容？我只知道，让自己做一个给他们笑容的人，就像《海洋天堂》中的那个玲玲，一个随马戏团而来、又随大篷车而去的姑娘。她用自己的纯洁，本能地善待大福，让两个干净生命的邂逅留下一段美好。当我看到大福看着电话露出笑容时，怎能不泪如泉涌？

只有平等才体现爱的本质，只有接纳才彰显尊重的分量，让生命的每一次交错都留下美好，哪怕这美好会带来思念，哪怕这美好只是瞬间，生命的尊严就在这瞬间中永恒。

李连杰：这个梦想会一直持续

星星雨是一个关注自闭症儿童的公益组织，我与他们有接触，并有了解，而且所拍的一部电影也是关于自闭症主题的。（薛晓路导演的作品《海洋天堂》）

在中国不完全统计，自闭症儿童的发病率平均是千分之三。虽然孩子生活在自己的世界里，但是与孩子相关的父母、亲人、朋友都付出了很大的责任与关爱，真的很不容易。

因缘出演该电影父亲的角色，拍戏的每天都有很多的感受。通过此次我了解社会有这么一群爱心人士在关注自闭症儿童群体，我为之触动，帮助自闭症儿童，这也是我想完成的一个梦想。

几年来，一直努力去推动壹基金，就是希望搭一个平台，每一个人都可以做一点点爱心之举，每一个企业也可以做一点点爱心之举。这样在未来，我们可以创造很大的力量，去改变整个社会的价值观。

我非常感恩，觉得做这些特别值得。很感谢这么多的义工、这么多的大众，去关注壹基金。这个梦想会一直持续，希望更多的人去关注中国的公益事业。

（本文根据李连杰访谈整理）

CISCO
思科 神州
助力壹基金

文章：爱心点亮孤单

电影《海洋天堂》对我来说其实是一部非常非常重要的作品，因为在这个电影里，我不仅通过我自己的饰演展现了一个自闭症人的一些特点，而且我还结识了我生命中几个非常重要的朋友。

比如星星雨的创始人田惠萍女士、她的儿子杨弢，还有星星雨的老师和工作人员以及最让我感动的导演薛晓路女士。她从事关爱自闭症儿童义工，已经十多年了。这部电影让我认识了我戏中的“老爸”李连杰先生，他的爱心也给了我很大的鼓励，让我在今后的事业和生活上，都有了一个新的目标。

自闭症儿童生活在自己的世界里，我们应该给予他们更多的尊重、更多的关爱，让他们在自己的世界里生活得更快乐、更自由、更放心、更安全。

《海洋天堂》拍完之后，李连杰先生说了一句话：“谨以此片献给全天下最伟大的父母”。那么，尤其是自闭症儿童的父母，他们相对更加辛苦、更加伟大，所以我希望这些父母不要因为所经历的难处而苦恼，因为有我们这个社会这么多的爱心人士，你们一定要勇敢地、坚强地走下去。

（本文根据文章访谈整理）

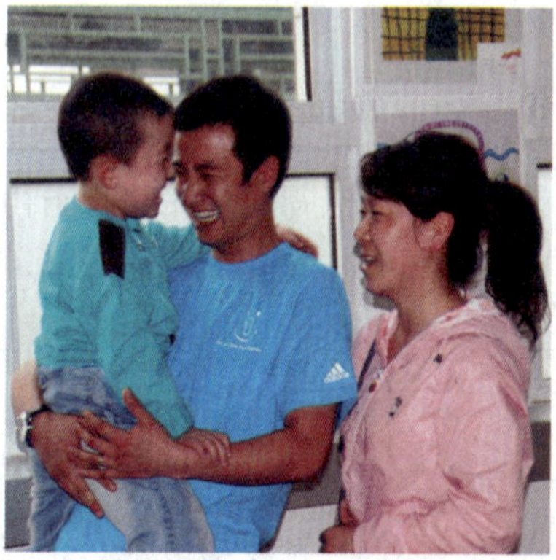

薛晓路：谈电影和自闭症

做了14年的自闭症志愿者，薛晓路把发生在自闭症群体的故事，拍成了电影《海洋天堂》。

这部包括由李连杰、文章、桂纶镁、朱媛媛主演，杜可风、奚仲文、张叔平、久石让等团队为自闭症患者拍的电影，在更早几天前的上海国际电影节上，获得了媒体三项大奖：最佳导演、最佳男主角和最佳影片奖。

《海洋天堂》的结尾有个光明的尾巴：在患绝症的父亲死后，儿子文章记住了父亲李连杰教会的生活技能，他会坐公共汽车，知道在哪一站下车，会给自己煮鸡蛋，会靠拖地养活自己，买东西知道要付钱。

但导演薛晓路说，这些普通人都有的日常生活技能对大部分自闭症患者来说，可能一辈子的学习和训练都不可能学会。

《海洋天堂》背后藏着一个让人震惊的事实：中国大陆地区年龄16岁到60岁之间的自闭症患者，目前的法律和制度没有被覆盖，公众对这部分人的困境也缺乏了解，他们得不到及时的救助，一些陷入困境的家庭，往往因此走向绝路。

“希望通过这个电影，大家能够关注自闭症这个群体的困境。如果只是谈论这部电影本身，我宁愿不做这个采访。”薛晓路在接受南方周末记者采访时说。

1. 不可能和他们交流

编者按：

在拍《海洋天堂》前，薛晓路在北京星星雨教育研究所做过14年的自闭症志愿者。

1985年，中国出现第一批被命名的自闭症患者。得益于改革开放第一批医学工作者留学归来，中国大陆才有了自闭症的诊断标准。之前，这样的患者大都归于精神病、智障类别里。因为自闭症属于新出现的类别，中国官方对残疾人的划定范围不包括他们，也没有相关的法律和制度帮助他们。1993年，田惠萍来到北京，创办了国内第一家服务于自闭症儿童的公益机构——北京星星雨教育研究所。中国的自闭症机构，大部分都是按照星星雨这样的模式，由自闭症家长创办成立的。

薛晓路：

我是1994年接触到自闭症的。当时我还在电影学院读研究生。一个春日的下午，在一本杂志上看到了一篇关于自闭症的报道，后来我通过联系报道的记者，找到了北京星星雨教育研究所的田惠萍。

当时星星雨教育研究所在樱花东街，借了北京市聋哑学校的房子办公。那房子其实就是半条走廊加一个拐角，他们把走廊的顶头稍微隔了一下，拿那个区域当办公室。

我当时看到的星星雨，只有3个老师，收留了大概20个自闭症的孩子。学校的办公桌和板凳都是旧的，教学和办公都在那个狭小的区域里。3个老师面对20多个孩子，除了照顾他们，还要给他们做饭。

看他们忙不过来，我就给她们打下手，从此就成了星星雨的志愿者，每周去个一两天。我的工作主要是看护孩子，照顾他们吃饭、玩、上厕所，吃完饭后刷盘、碗，主要是这种类型的看护。

对那些自闭症的孩子，我们基本上不可能跟他们交流，基本上就是看护这群孩子，没有办法和他们交流。我们当时做的是最简单的康复工作，比如给他们吃完午饭，给他们刷碗、刷盆，要上厕所带他们上厕所，要么就带他们出去玩。当时他们的训练方法比较浅显，也是摸着石头过河，因为自闭症研究刚起步。

目前中国的自闭症机构基本上是公益事业，因为它们基本上是非盈利机构。要照顾这些孩子需要非常多的人，基本上是一个老师管一个学生。学生在星星雨接受训练是全天候的训练课程，吃饭、睡觉、安全，他们都要管，一个月才1000多块钱的收费，学费很低。一期家长班的培训，大概是四五个月，整个收费才5500块钱，比一些普通幼儿园的收费还要低。

对自闭症孩子的课程都是由老师来上的。因为星星雨是民办机构，经费一部分来自于学生的学费，一部分来自社会的捐款。那些孩子缴的学费仅仅是象征性的，没法冲抵学校的运营成本，办公和教学经费的缺口完全靠社会募捐弥补，因此老师当时的工资很低，可能就二三百元。

没有足够的经费，招不到好老师。星星雨当时的3位老师，有城里的下岗职工，也有农村到城里的打工妹。田惠萍当时也找过那些幼师和特教出身的老师，一是因为没有专业工作经验，二是心理障碍，三是太辛苦工资低。

刚开始的时候，星星雨的老师流动非常快，后来找的老师大部分都是乡下的小姑娘。薛晓路认识的那么多老师，只有两位留下来，至今还在星星雨。一直到六七年前，星星雨经费筹措的能力强一些了，得到一些国外机构的固定支持，他们办公教学设备得到了改善，招了第一批大学毕业生，除了接受专业的培训外，还到国外去工作学习，这批人已经成为了它的管理骨干。

我起码接触到的自闭症孩子有非常高功能的，也有非常低功能的，高功能通常叫“阿斯伯格”，低功能叫“凯那”，这两种孩子之间的差距非常悬殊。像我在山东见到的一个高功能的孩子，他现在已经在澳门的高中读到高中毕业了，已经参加大学高考了，你跟他聊天时间短的话，你感觉不出他有什么问题。

星星雨创办人田惠萍的孩子杨弢还属于低功能好一点的。纯粹低功能的孩子，基本上不太会说话，他们有很多情绪的问题。比如我当时在养护中心看到的那个女孩，她不停地在屋里跑来跑去，另外一个孩子也是基本不说话，老是用衣服把脑袋包起来，这样的孩子是很严重的。

我在山东看到一个孩子， 20多岁的男孩，看他穿的衣服都比较正常，后来听他们老师介绍，这个孩子的父母好像都是山东非常有名的心脑外科的大夫，但对孩子的训练做得不够好，这个孩子在家里基本上是不穿衣服的，基本上是随便大小便，或者是有时候在客人面前就光着身子，父母也不管他，等于就是彻底放弃了。

我还接触过一个沈阳周边的一位自闭症家长，她那孩子大概八九岁，他上不了小学，不是智商问题，你跟他说话，你会觉得他好多都懂，也不是笨，但他有一些话你听了就知道他不对劲。这个叫严重的社交交往障碍。他妈妈完全不能够接受孩子有病这个现实，不愿意把自己的孩子落在这个圈子里，跟我说孩子就是有点心理问题，他在上学的时候我会让他举手发言，听老师的话，上课不要打扰课堂秩序，好像那意思是这样教他的话就能好。

后来我跟他妈妈说，她现在采用的办法对这个孩子是没有用的，反而可能耽误了他最佳的治疗和培训期。很多家长都希望能够治愈自闭症，据我了解，目前，自闭症无法治愈。最早开始研究这个病症的美国、欧洲，几十年里都没有找到发病的根源和治愈方法。

据我的了解，自闭症的发病机理目前医学界还不知道，没研究出来；这个病基本上不分种族，不分国家；从目前的统计数字来看，父母受教育程度比较高的高知家庭出现的比例会高；从男女比例上来说，男孩子比女孩子发病率高，但女孩子一旦是自闭症，病情就会比较严重。

在这样一个现实面前，我们所有的努力，是去培训这些孩子，通过一种方法跟他们相处，或者是容纳他们，在我们社会里创造一种容纳和宽容的氛围和环境，给他们一个更合理的生存空间，而不是彻底治愈，以现在的医学、科技，我觉得暂时还不可能。

2. 无法治愈的自闭症

编者按：

薛晓路说星星雨是她见过的自闭症助救机构里最好的一家。在零起步的中国大陆地区，田惠萍一开始就引用了从美国引进来的ABA体系，来教育她看管的孩子们。

星星雨成立后，遇到的第一个问题是经费。在西方一些发达国家，政府会对这样的公益性服务机构免费提供场地，还会直接拨款，一些大的基金会也会对其进行长期资助。但中国当时缺少对自闭症的研究和了解，从法律到制度上都是空白，没有社会保障机构和专门的基金会。按照中国的法律规定，田惠萍建立的“自闭症儿童家庭救济基金”，不能成为公募基金会，不能直接向社会和企业单位募捐，只能零星接受个人的定向捐赠。

资金不够，这是民间的自闭症机构面对的所有困难。

薛晓路：

1998年，我从电影学院毕业，进入中央电视台科教中心工作。这时候我开始给星星雨帮忙转换一些视频资料，或者给他们找开会的地方，提供点音响，做点宣传方面的工作。

因为经费不够，星星雨连房租也交不起。这十几年里，搬了几次家。离开樱花东街的聋哑学校后，他们搬到了樱花西街中国计生委办公的地方，他们在那里租了一层办公楼，待了一段时间后又搬到了现在的通州东旭花园。

《海洋天堂》里自闭症患者大福的一些习惯，洗脸刷牙、摆放碗筷、吃饭喝水、脱衣服睡觉、挠痒痒、亲眉心、给花浇水——都来自于我对弢弢的观察，我是看着他长大的，对他的行为举止很熟。文章模仿得特别像，电影里的大福比生活中的弢弢的状态要好，因为我不希望给观众特别恐怖的印象。

田惠萍跟我说过，她有时候感觉儿子近在眼前，有时却觉得远在天边。有时候，杨弢会突然抱着他妈妈的脸亲一下，有时候他妈妈在突然摔一大跟头后，杨弢却不会过来扶她。

到目前为止，这些自闭症机构的培训对象都是以学龄前儿童为主。中国的家庭基本上都是独生子女， 两三岁的孩子，有社交的基本需求，碰到人你要会叫“阿姨”“叔叔”，要会叫“爸爸妈妈”等，出门去玩能够听大人的话，别瞎跑，这时家长才发现孩子会有与众不同的表现，所以这个年龄段是自闭症的一个诊断高峰期。对自闭症家长来说，就面临一个艰难的选择，因为孩子生下来你不知道他有这个病，你和孩子已经建立起深厚的感情，一直拿他当一个宝贝来养的，很难轻易地放弃。

一个家庭，生了一个自闭症的孩子，日子会过得很艰难。这孩子他可能第一不会说话，第二不听指令，比如，说你让他坐着或者站着，吃饭不要用手抓，火是热的不能碰，上厕所要脱裤子别拉大便在身上，这些指令他都很难遵守，没有办法进正常的幼儿园和小学、初中。

而且这孩子放在家里也得有人看，不能让他自生自灭。有一些家长会把他交给爷爷奶奶或者交给姑姑、阿姨等，对孩子感情深一点的，就想辞职自己带，寻找自闭症的这种培训学校，然后去接受这种培训。

这时的星星雨，已经由托管教育孩子，变成了培训家长为主。做出这样的调整，是基于一个现实：许多孩子在学校时，经过系统的教育后，情况有一些改善：会对老师的训练作出反应，甚至也能够举手抬足回应老师，或者用眼神和简单的语言和老师交流。但回到家里，原有的进步不仅没有了，还多了一些坏习惯。

田惠萍意识到，光是对自闭症的孩子们进行培训是不够的，他们需要的是长期、稳定的教育方式才能够有效。星星雨从此调整了教育方向，把重心转向自闭症的家长们。让他们陪孩子们一起上课，星星雨的老师们作现场指导教学，学会看护孩子的教学方法后，自己在家里就可以照顾好孩子了。

我记得星星雨第二次搬家，收留了一个自闭症的孩子洋洋，那是我见到年龄最大的孩子，大概有十六七岁了，当时洋洋就在学校做清洁工，学校也发他一点点工资，当时这孩子的工作是拖地，正常人拖地是会绕开人再拖，但他拖到那儿就停下来，一定等你这个人让开以后再开始拖过去。

洋洋对社会交往规则没有概念，不管哪个办公室，他会用拖把把门撞开，然后他进去就拖地，不管里面的人在办工还是开会。后来，我在电影里就用了拖地这个细节，因为拖地我们觉得是最简单的一个劳动，自闭症患者这都做不好，所以他们适应社会真的很难。

在自闭症患者3～6岁这个阶段，所有的父母都会想我努力工作挣钱，努力地投入，希望在短的时间把自己的孩子训练好，让他进入正常的小学。但是随着孩子的长大，你会发现你尽了所有的心力，但是这个孩子经过了训练，也不可能变成正常的孩子，他可能不能够去上正常的学校，不能正常的生活，不能就业，你的经济压力、生存压力以及精神压力会更大。

2005年，我认识的一个叫郭义的自闭症患者，在家中不幸触电身亡。这男孩没有任何的社会规范和危险的概念，后来他妈妈把一只鸡从楼上扔下去，让他眼看着那鸡摔死，然后告诉小孩这个叫死了，但那小孩还是不懂。父母再小心，也不可能十几年里24小时一步不离地看管他。

我知道也有家长放弃的例子。星星雨有一个孩子是混血儿，他爸爸是法国人，在法国驻华使馆工作，挺高的职务，到中国来了以后娶了一个中国太太，结果生了一个自闭症的孩子。然后他雇着一保姆带着这孩子在星星雨搞训练。我看到大部分时间是保姆来，有时候他爸爸也来，他妈妈就等于放弃这孩子走掉了。

星星雨搬到通州区以后，当时有一个家庭去做培训，后来有一天突然说孩子走丢了，他妈妈说不知道孩子去哪儿了，说是在乡间的十字路口，一回身孩子就没了。后来有一个门卫的保安，说在那个时候他看见过这个3岁的小孩。我现在想，也不排除说是家长彻底放弃的，因为那种地方很荒凉，周边也没什么建筑，就是菜地嘛。说实话，这个电影我没有写得很残酷，其实有多少自闭症患者，真是在家里面被用铁链子拴着的。

3.父母死了孩子怎么办？

编者按：

20世纪90年代，国家《义务教育法》也将自闭症孩子教育列入到9年制义务教育中去，北京、上海、江苏等一些经济发达的省市，在政府支持下，一些培智学校和幼儿园开始吸收自闭症儿童入学训练，部分普通小学也吸收了一些有学习能力的自闭症儿童入学，还把自闭症患者纳入到当地最低社会保障体系里。

2006年，中国残疾人协会将自闭症列入残疾人精神残疾，自闭症者被纳入相关的保障体系，但由于残疾人保障福利不高，最高的江苏一年仅为16000元，而训练机构收费为每月2000元以上。许多自闭症者及家庭的困难并没有得到大的改善。

目前，中国的自闭症数字统计仅限于城市的学龄前儿童，不包括16岁以上的自闭症成人，也不包括农村地区，那里的医院甚至没有自闭症的诊断，也没有机会进入到城市的这套培植教育体系。薛晓路表示这样一个巨大的群体和他们的生活状况，我们不了解，也看不到他们。

薛晓路：

我拍《海洋天堂》是因为一个采访。

2000年的一天中午，一群外国记者来到星星雨，采访正在午休中的自闭症患者家长。一个记者问一位家长："你们现在特别照顾自己的孩子，万一你们病了或者死亡，你们的孩子怎么办？"我当时看到那个准备回答的家长，当众放声痛哭。当时在场所有的家长都哭了起来。

我当时特别震惊。这个问题也是所有自闭症患者家长最担心的问题。中国目前的法律体系里对自闭症患者的覆盖范围仅局限在九年义务教育部分，这一段对自闭症孩子有一些保障，这些孩子在初中毕业16岁以后，一直到老年这么一大段时间，是没有任何保障的。国家是不负任何责任和义务的，这是一个很严重的制度缺失问题。

很多的自闭症患者家长，都是80后的一代人，他们都是独生子女，没有兄弟姐妹，对他们的自闭症孩子来说，只有爷爷奶奶、姥姥姥爷和父母是可以依靠的，没有什么舅舅、姑姑这些亲戚，什么都没有了，那在爷爷奶奶、姥姥姥爷和父母去世以后，这些孩子怎么办？该交给谁看护？

我认识的那个洋洋现在应该40来岁了，中国第一批被确诊为自闭症患者的都是这个年纪了，他们的父母都老了，身体也不好，也面临这个问题。不光是自闭症，包括脑瘫、弱智、智障这样的残疾人，都有这样的问题，没有专门的法律、机构照顾他们。

我曾经在一些儿童福利院看到，一些严重脑瘫的孩子，已经二十几岁，从生下来就躺着，脑袋大得跟冬瓜一样，没有任何治疗，只能等死。

最近几年，我在机场碰到外国人和他们领养的中国孩子。我知道有很多外国人，专门领养中国那些有残障的孩子，包括智力残疾和身体残疾。每次当我看到这种场景或者在电视上看到的新闻，我一方面觉得他们很有爱心，另一方面也对他们国家的保障制度和福利体系很羡慕。

简单说，在这些国家，养这样一个孩子，不会对这个家庭造成一种巨大的困扰，或者颠覆性地使他的生活无以为继，他们才会来中国领养残疾孩子，去做这样一个行为和选择。他把我们的残疾孩子带回自己的国家，这个体系就会运转起来，该有的医疗保障，该有的社区服务，包括可能会有的那种手术方面的保险支付，就会提供给他。

每到这个时候，我就觉得那些国家所拥有的能让人有尊严地活着，那才是最牛的地方。而中国的自闭症患者家长们，全靠自己。

在现实面前，中国的家庭作出了不同的选择：大城市里经济条件好和教育程度高的家长，他们选择了带着孩子移民到欧洲、美国、加拿大去，在那里有一套覆盖了自闭症患者从小到老的政府公益服务体系；经济条件相对好的城市家庭，则根据政府的法律选择再生一个孩子，在自己死了以后让老二照顾老大；对那些经济困难和离异、没有要第二胎的家庭来说，这是一个没有答案的问题。

我在电影《海洋天堂》里写的主人公王心诚的遭遇，实际上是中国自闭症患者遇到的现实难题：培智学校只管九年义务教育；孤儿院、福利院、养老院没有专业的陪护人员，也不收自闭症患者；在商业保险部分，保险公司嫌风险太高，将自闭症患者排除在参保对象外；普通人享受的医保系统没有覆盖自闭症患者；在社保部分自闭症患者很少有就业机会。

在电影里，大福被照顾了他多年的老校长带到一个民办的学校里，算是有个圆满的结局。我承认自己带有理想主义的成分，大福的父亲认定了孩子以后可以自己上下学，也可以自己收拾他的衣服，也可以自己做一些特别简单的事，这个是通过反复的教育，但是这个尾巴的部分还是有理想主义在里面。

其实，我想，就算有这样的机构，怎么保证这个机构能长期存活下去，谁来监管你的钱呢？因为自闭症患者都是无行为能力的人，你怎么保证他的利益得到终生的保证呢？托付其他亲人看管，也不现实，你能够放心、相信他一辈子照顾你的孩子吗？这样的想法在自闭症患者家长那里很普遍。

所以我认为，这个问题最终还靠中央政府，成立专门的机构，完善法律和制度，专款专用，使这个问题得到彻底、妥善的解决。制度化的保障外，别无他法。中国GDP那么高，每年那么多财政收入，应该更深地考虑尽到国家义务，这种制度的缺失不应该存在。

这是我拍《海洋天堂》最大的初衷和远景。

（本文摘选自《南方周末》）

Ⅱ
背后的故事

生命中有一个很奇妙的逻辑，在我遇到这些残障孩子后，我发现他们简单地生活着，他们不会与人特别亲近、沟通。心中不起波澜、清澈宁静。他们有自己的独特生活方式，独自快乐、独自清醒、带着一些无法测知的神秘。

你未康复，我不敢老

德国体操名将丘索维金娜，一位为了生病的儿子筹集医药费，以37岁高龄奋斗在国际体操赛场的伟大母亲。她曾对儿子说过：“你未康复，我不敢老。”我不能说要效仿这位母亲，但我敢说我非常理解她，我有她那样的心境，因为我有一个曾经被诊断为自闭症的儿子。之所以说曾经，是因为他的诊断已被推翻，现在确诊为小儿发育落后，但这依然不容乐观，因为这个病是智障的前兆。

一直想写写关于儿子的事，但有时总不知如何写起。他一岁五个月才会走路，当时看着周围一岁多的小宝宝们满处跑，我心里特别的着急。每天上网看关于孩子何时会走的文章，专家说孩子在十七个月会走就属于正常，而我儿子嘉嘉就真的是满十七个月才会走，我的心一下子放宽了，他很正常，我很肯定！孩子的语言应该在一岁半就有所发展了，印象中那时他多少会有仿说的字，但我没有在意，关于孩子走路的问题让我急了半天，他说话我就不想管了，爱几岁说就几岁说吧，听老人们说有很多孩子三四岁才开口说话，一开口就什么都会说了，贫得收不住。我想嘉嘉可能是那样的孩子，所以一直到他两岁半，我都没有太在意这个事，只是对周围的人说，这孩子两岁多了，不说话。现在想想，那时的我真的错了，把孩子语言黄金期错过了，两岁八个月时带他到北京儿童医院神经内科去检查，那时嘉嘉的语言仅限于仿说20个词，没有任何功能性语言，吃喝拉撒全不说。

大夫让做脑核磁，做脑扫描，验新陈代谢，全是正常的，唯一不好的就是智力测试，好多我们平时认为他会的课题，他一样也不做，甚至大夫让我和老公喊他名字，他都不回头。做测试的大夫给了个结论，这孩子有自闭症倾向。结果门诊大夫看了结果，给了个诊断是发育迟缓，让我们送孩子上幼儿园，不能让他看电视，不能让他独立玩玩具，右脑已经不用再开发了，让他在幼儿园学会交流。这让我又松了一口气，自闭症不是闹着玩的，一种终身性的残疾，之前我已经在网上查过关于自闭症的知识。老公也在说我，没事给孩子找病看，咱这孩子绝不可能是自闭症。也确实，老公是个放得开的人，嘉嘉和爸爸每次都玩得很高兴，他们之间一直互动得很好，只是我总拘着孩子。可能真是我多虑了吧，但当时正值冬季，嘉嘉大小便还不会说，只会自己蹲下，如果现在送幼儿园怕是净尿裤子了，最终我决定带他先报个亲子班，适应一下集体的环境。

在婆婆家附近一个私立幼儿园报了周末的亲子班，他挺爱去的，就是爱在教室里乱跑，我总要揪着他，上了一学期，感觉他可以听老师的指令了，还喜欢跟着老师跳舞，特喜欢和小朋友一起疯玩。那里的园长很喜欢嘉嘉，让我们报他们的幼儿园，并保证会照顾好他："不会说话没事，我们这儿有好几个孩子三岁不说话的，不就是怕他尿裤子吗，你们多给他准备几套衣服带着，老师会给换的。这孩子上了幼儿园就该会说话了。"这是那个园长对我们说的原话，而且说了不止一次，最后在一期亲子班结束的时候，2012年4月，嘉嘉3岁3个月，我让他去了那个幼儿园。当时不送也不行了，他在家里依然不学说话，教他其他东西也不学，叫他也不理，还总爱发脾气，总拉着奶奶满屋翻柜子找零食，找爽歪歪。他奶奶说由着他翻，但也总跟我们报怨这孩子越来越闹，不好看了。在这儿说说嘉嘉的爷爷奶奶，当初我们结婚以后，一年又一年的催着我们要孩子，生了儿子以后疼得跟什么似的，尤其是我婆婆，嫌我干活不利落，嘉嘉的一切大小事她全包了，谁都说我遇到个好婆婆，儿子平时不用我操心，只是周末带他出去玩会儿。

但后来我发现事情越来越不对劲了，老两口在家总开着电视，一开就一整天不关，平时只有天气特别好时带孩子出去玩，下午几乎就不出去，天黑更不让孩子出门，一冬天一夏天不让孩子出门。孩子整天自己在屋里玩，一哭闹了就给一瓶爽歪歪。嘉嘉的生活一直这样，怎么让我觉得这么别扭呢。但我总想着公公婆婆的好，结婚了一人两层父母，怎么说也是长辈，何况老两口一直带着孩子，让我们踏实去上班，我回家就不说什么了。公公总说我别老追究着孩子，让他自己玩去吧，婆婆也说我总拘着孩子，看着都累。我一切以和为贵，不多说什么了。话说到这儿，又回到嘉嘉上幼儿园，2012年4月6日，清明节一过，我特意请了两个上午半天的假，和婆婆一起送他去幼儿园，因为之前上了那么长时间亲子班，所以去那里他一点也不陌生，只是看到我和奶奶要走，把他一个人扔在那儿，急得直哭，按老师的经验，不要理他，让我们走。前期定的让他先上半天，中午吃完饭12点，爷爷奶奶就去接他回来，第一天还不错，老师说只哭了一会儿就不哭了，但还是没什么规矩，乱拿别人的杯子喝水，推坏小朋友的积木，总之是没少惹祸，但最起码不哭了，真是挺让人高兴的。我又松了一口气，以为这次嘉嘉又过了一关，幼儿园这一大关，但事实是，儿子和我，甚至我们整个家，就栽在这幼儿园的问题上了，从此我们的生活翻天覆地。

嘉嘉上幼儿园的第二天，奶奶回来说老师告状了，他在幼儿园总是乱跑，跟疯了似的，一刻不停，老师都抓不住他。我和公公婆婆都比较费解，嘉嘉在家是不听话，但从不乱跑，虽然在亲子班上课时也会乱跑，但我只要揪住他让他看老师，他也会听话。怎么一上幼儿园就成了整天乱跑了呢？我想就是刚去吧，老师们挺辛苦的，唠叨两句没什么的，也没往心里去。上了一个星期，两个星期，他的情绪越来越不对头，中午从幼儿园回来，晚上根本不吃饭，只喝QQ星牛奶和爽歪歪，没几天整个人瘦得皮包骨了。周末我带他出去玩，他越来越不听话，乱发脾气，在大街上就敢往马路中间跑，我死命拽着他，把他拉回家，在家的脾气越来越大，除了爽歪歪，没有别的东西可以让他停止哭闹。

后来幼儿园的老师打电话找我，是一位以前上亲子班时经常接触的老师，经常一起聊天，她跟我说，她去小班帮忙照顾孩子，看了嘉嘉半天，发现了孩子很多问题，之前老师们说他乱跑，确实一天也没停过，小班老师已经叫苦不迭了，跟园长提过，园长很为难，因为是她把我们招进来的。另外嘉嘉还有别的问题，他在幼儿园哪屋都敢进，不管是老师办公室，还是厨房厕所，全都跑进乱动。要有一个固定的老师揪住他，这就影响了正常班级的工作，没法全力照顾别的孩子。嘉嘉不光只是跑，他也会观察各屋的情况，比如到活动室必须脱鞋，到音乐教室就直奔钢琴，但就是乱跑不停，老师叫他根本不理，与别的小朋友在一起，只会给人家捣乱，别人搭积木他去推倒。

我听着电话，心里凉了大半截儿，其实通过每天奶奶回家说老师总告状，还有他最近在家的表现，我多少能想到他在幼儿园也好不到哪儿去，但我没意识到这么严重。“你赶紧带孩子检查检查吧，别把孩子耽误了……”老师这么劝我，我第一反应就是带他重新找医院去检查，当时记得北京安定医院儿科有一位崔主任，在网上约好号，在2012年4月26日，我和公公婆婆带嘉嘉去了医院，等问诊时，我还教他说，进去要叫叔叔，他倒是真的听了，进去见了崔大夫，叫了一声叔叔，然后就在屋里乱跑，还动护士的东西，我和奶奶开始揪着他，这崔大夫问他："爷爷在哪儿呢？"嘉嘉根本不理，爷爷就在身后，他连头都不回。我把嘉嘉最近一个月的表现及他所达到的能力写了一张纸给大夫，并告诉他孩子非常喜欢热闹，喜欢和小朋友玩。我心里是抱着一丝希望的。但大夫看了嘉嘉的表现及我写的，最后给孩子的确诊是自闭症。他说："自闭症的孩子各有各的特点，若把所有的病症总结在一起，上千条都不止，我们看孩子病症要看主要的，他已经具备了自闭症的主要特征，他对别人的呼唤没有反应，没有与别人交流的欲望，语言严重落后，这些已经可以确诊了，没必要再看他别的，何况他和小朋友在一起不是交流，只是互相追逐，他根本不懂应该怎么和别人一起玩。"

说实话来医院之前我做过很多功课，我有心理准备，但听大夫这么说，我还是有些晕眩。

我问大夫："幼儿园还能上吗？"

"在幼儿园他已经表现成这个样子，不能再去了，去了对他一点帮助也没有，他应该去康复机构接受最专业的训练。"

"北京有几个机构我查到过，像馨馨雨露说过，他们那只培训没有任何基础的孩子，要是有能力的孩子没必要去了。"

"你这孩子有什么基础？他什么也不会，就应该从最基本的开始训练。"

"他两岁八个月时在北京儿童医院检查的结果是发育迟缓，那个大夫让他上幼儿园，说多和小朋友在一起。"

"你这孩子是个自闭症孩子，他跟正常孩子在一起根本没什么帮助，你让他跟一百个正常孩子在一起玩，也没什么用，也还是这样。”

“我表妹是学儿童心理学的，您说我找个心理专家给孩子看看呢？”

“那没用，那是对正常孩子的，你这个是自闭症孩子，就得去机构训练，没什么别的。”

“……”

我绝望了，那天下午很晒，从安定医院出来本来想打车回家，结果在马路边上等半天也没有出租车。太阳晒得我更晕了，我们又坐公交车回家，在车上碰到一个带孩子的大妈。

她问我：“你这孩子是不是自闭症？”

我很麻木地回应她：“是的。”

“我侄女的孩子也是自闭症，因为我们住得很近，所以对这种孩子比较了解，看出来你儿子是这个病，我侄女的孩子现在就去康复中心训练了。”

“哦。”

“你带他上北大六院检查了吗？”

“没有，我们去的安定医院。”

“我那侄女两口子带孩子在北大六院检查出来的，现在去的那个康复机构在丰台，是六院的大夫介绍的。”

“哦。”

“现在得这个病的小男孩儿特别多，他们那训练的净是小男孩儿。”

“哦……”

“……”

我现在回想那天下午回家，有些时候还是模模糊糊的，除了麻木，我想不到别的词来形容自己了。回家以后嘉嘉睡着了，我跟公公婆婆说，我把幼儿园退了去，公公还嘱咐我，别跟那些老师说别的，就说我们不上了。我应着，出了门，到了幼儿园，看到门口的大滑梯，跟值班的老师说："我是嘉嘉的妈妈，我来给孩子办退园。"

老师请我坐下；"您家孩子怎么了？"

"老师，我的嘉嘉是自闭症，他现在需要去康复中心做康复，不能再上幼儿园了……"说这句话时我已泣不成声，就是现在写这段，眼泪依然涌出来，当时那心境啊，已经不是崩溃能形容的。

"您等我一下"老师离开后，又回来："这个月的托儿费我们入账了，您预交的剩下两个月的钱在这里，还有一季度的杂费我全退给您，一共2864元，您点点。"老师把钱给我。

"谢谢您，很抱歉我现在心情不好，这段时间给您和其他老师添麻烦了。"我依然在哭："我一进咱幼儿园大门儿，一看到这滑梯，我就想起从去年冬天我们来这儿上亲子班，我们嘉嘉就特喜欢在这儿玩儿，下了课都不愿意走，来您这上幼儿园，也想着孩子对这里熟悉，每次来都会很高兴，可是我今天带他去医院检查了，大夫给我们这个结论，我一时真承受不起，不好意思。"我一边哭一边说着，老师的表情也很凝重。

"说实话，我们一直关注着您家嘉嘉，这孩子在我们这儿，不吃饭，不喝水，跟别的孩子总不一样。"

"老师，我特感谢小班的焦老师，她每天都跟嘉嘉奶奶说嘉嘉在这儿乱跑，一开始我没当回事儿，现在想想，焦老师提醒的真及时。"

"焦老师年纪大了，对孩子比较有经验。"

"还有萍萍老师，她是第一个接嘉嘉进幼儿园的老师，一看就特有耐心，还有李老师，要不是她打电话告诉我孩子的情况，我也不会意识到事情这么严重。”

“您别伤心，也别着急，先找个机构带孩子训练一段时间，等孩子训好了，来我们这儿，我们还收。”

现在想想，老师是多么诚恳啊，但毕竟她专业有限，她并不了解自闭症孩子是没有好了这一说的，这是终身性的障碍，而我当时已经不想再说什么了。这时萍萍老师来了，嘉嘉之前的班主任：“您是嘉嘉妈妈？嘉嘉怎么了？”

“老师，嘉嘉是自闭症。”

“啊！……其实您家嘉嘉在这儿还是比较听我的话，总喜欢追着我，这两天我休假，就看嘉嘉没来，还以为是病了呢。”

“萍萍老师，谢谢您，也替我谢谢其他几位老师，这孩子给你们添麻烦了。”

“您别这么说。”

“……”

我拿着钱从幼儿园出来，正赶上小朋友放学，一个之前跟嘉嘉同班的小男生看到自己的奶奶，冲过去：“奶奶，我今天……”萍萍老师走到小男生身边跟他奶奶说：“这个大成成，今天伤我心了。”“哈哈……”

原来这是正常的三岁的孩子啊，可以和大人聊天，可以开玩笑。想想嘉嘉，原来我一直在逃避着孩子的这些问题。

从退园的那天晚上，我上网开始找训练机构，其实之前好多家都已经咨询过，关于学费，关于上课。前提是必须由一位家长陪同，毕竟这样的孩子，不可能完全独立在机构里待着，老师只负责训练，不能照管。我想好了这工作是要辞的，这个单位做了不到两年，已经越来越顺手了，领导逐步发现我的长处，我的工作涉猎面越来越广，我对工作的兴趣也越来越浓，虽然挣得不多，又都是底层岗位，但我在上班时候感觉很不错，现在，要放弃了，我来不及舍不得。

第二天一上班，很多同事都知道我昨天带孩子去检查了，纷纷过来问我情况。我是未语先泪啊！这两天哭的，眼泪来得比拧水龙头还快，好多同事看我哭成那样都很无措，都不知道怎么劝我了。最后部门经理也很无奈：“你这岗位一时难找人接替，我又不能强留你，你给我点时间我得招人，你工作交接得一步步做啊。”

“是，给您添麻烦了，我现在这情况也是没办法，我明天要去几家机构转转，得赶紧给孩子找一个合适的好训练机构啊。”

“行，那你先把手头的工作交一下，你先休着，等我招到合适的人，你再过来。”

“谢谢您。”

“你去找老板签一下你的离职申请吧，手续慢慢办。”

我的这任老板，迄今为止我认为她是最好的老板。坐在她办公室里，她特平和：“没关系的，孩子要紧，现在还小，估计你找对方法可以训好的，别太伤心了。只一样我得提醒你，你的优点同时也是你的缺点，你太容易妥协。要知道关于孩子的问题，甭管是对你公婆还是对你父母，你该坚持的原则就得坚持。”

就她这句话，我受益终生。

“谢谢您。也真给您添麻烦了。”

“其实训练这样的孩子的机构现在挺稀缺的，我看这样的训练机构都是私人开的，你要是以后在这方面有心得了，我资助你，咱可以开一个。”

“谢谢您。”

我的眼泪又来了，这就是我之前的单位，我是在最好的工作状态下离开的。

最终决定我未来生活的，还是我的父母，当我告诉他们嘉嘉的病情，以及我离职的事，我父母好几晚没有睡觉，他们把我叫回管庄新居这边商量，首先要求我不要辞职，另外让我把嘉嘉交给他们带，还有一点就是，全北京甚至全国针对自闭症训练的专业机构，北京星星雨教育研究所，就在我父母新居这边，可能是天注定的吧，我爸说，当初买房时也没想过能离这个最好的机构近啊！

但又有问题了，首先我必须离职，因为教育孩子首先是母亲的责任，他还那么小，不可能脱离母亲去依赖别的亲人。其次星星雨是好，但要等入学上课还要排期，当时我爸去问的，把我们排到了2013年5月份，还有整整一年，我不可能放任孩子一年时间耽误着。没商量出啥结果，我从父母家出来也不知道怎么回的家，现在想想，那段时间我晕晕乎乎的，凡是和别人说起孩子的病，就一边说一边哭，当着孩子和公公婆婆的面又很镇定，每天晚上倒头就睡，面对这么大的事，我却没有失眠过，每天睡得晕晕沉沉的，现在想想那时我的状态也不知道该怎么形容了。

后来事情又有了变化，我舅舅的女儿，我的小表妹，曾在上大一时到星星雨当过志愿者，可以说她对自闭症的认识要比我多。小表妹给我打电话：“姐，看嘉嘉现在的症状，就是自闭症没错，我建议你别去别的机构了，就在星星雨吧，现在不能正式入学，但你可以随班旁听，你学会方法自己在家教孩子，也会好的，万一你找别的机构，把孩子训偏了，更不好。”

她的建议让我动心了，但这可行吗？训孩子可不是开玩笑啊，会有机构训不好孩子，我学了就能训好吗？她又对我说：“星星雨接收一个孩子，要做测评，看孩子能力分班学习，每个家庭有学习计划和目标，看着是训孩子，其实是指导家长，所有课程对家长全部公开，老师教的孩子只吸收20%，家长吸收80%，所以即使你不带孩子上课，不能让老师对孩子直接操作，你还是可以学习的，发现问题可以及时找老师问啊。”

听了她的话我还是在犹豫，这期间我去了离婆婆家最近的几家机构，其中一家在丰台北大地。

一个写字楼里，虽然地方不大，但老师们对我很热情，看了我写的嘉嘉的平时表现，马上给我一个简单的训练方案，让我过了五一节就带孩子来训练，三个月9000元，家长陪同，自备午饭。我觉得这条件我还能接受，跟老师谈得挺好的，临走老师嘱咐我：“我们这里也很紧张的，现在就这一个名额，五一节过了就赶紧带孩子来吧。”

小表妹听说了我选择了别的机构，又找我：“姐，他说差一个名额你也信，再去一个还有名额吧。孩子的事你考虑清楚，谁都不敢说你找那机构怎么样，但我却敢说同业里星星雨是最好的，你看这全国各地的家长哪个不是排期来的星星雨，那些小机构根本不能比，你还是去旁听吧。”

小表妹的话同时也影响了我父母，他们坚决要求我带孩子回管庄住。我爸在五一节前到星星雨报了名，入学通知日期是2013年5月7日。这期间他们一致让我去旁听，不要随便找别的机构。虽然我心里还在打鼓，但对于那时的我，父母已经成了我精神的支柱，我心里没有别的主意了，就答应他们了。

把嘉嘉从奶奶家带到姥姥家，怕他不适应新环境，前几天全家人都哄着他，他还好，到姥姥家没有太闹，因为他不会说话，也不知道他想不想爷爷奶奶，只是有时蔫蔫儿的，我爸说他在想家呢。

我的工作正式辞了，平时习惯朝九晚五上班的我，一时之间总觉得白天很漫长，因为刚搬过来几天还没有去星星雨上课，每天带嘉嘉在小区里转悠，遇到小区QQ群里以前聊过的朋友就打个招呼，告诉他们我带着孩子来这里住了。

之后我就去星星雨上课了，王老师问我孩子的语言程度怎么样，我说是仿说吧。她给我安排到了水星班，李老师讲课，一位说话很平和很有耐心的老师。但刚上课我就发现，这班里的孩子语言比嘉嘉好多了，他们是仿说，基本上大人让他们说什么，他们就说什么。

上点心课，老师拿着饼干盒子问小朋友："要不要吃饼干？"

小朋友没有反应。

老师拿出一块饼干，对小朋友说："我要吃饼干。"

小朋友说着："我要吃饼干。"

原来这才是能够仿说的孩子，嘉嘉当时的语言水平，只限于我说："叫妈妈"，他说："妈妈"，我说："叫奶奶"，他说："奶奶"，仅此而已。看来嘉嘉如果来星星雨上课，是达不到水星班的水平的。

到第二次上课，我找到办公室的赵老师，要求换比水星班低一级的，赵老师把我安排到安老师的火星班，从这天起，我在火星班旁听了一整学期，我和嘉嘉的训练生活正式开始了。

火星班每天第一节课是独立工作，看到那里的孩子明显要比水星班差，好几个孩子没有眼神交流，还有个小男生进了教室直接登着小椅子上桌子，全班的孩子多半是无语言的，好点的是有限仿说，我看着这些孩子，还有孩子的家长们，心里真难受，他们和嘉嘉一样啊，或者说我们和他们一样啊。

嘉嘉如果来上课，也会跟他们一样吧。

班主任安老师是我非常欣赏的老师，她让我见识到了如何对孩子温柔地坚持。当然，她对家长非常严格，每次上课都在反复强调：“一切都是家长的错！”这句话是星星雨训练的理念。一开始很难让人理解，因为我们训练孩子就是为了纠正他们的错误，孩子犯错哪能全赖家长啊？！

通过学习，我对这句话的理解有两层，一是孩子的错误全是由于家长引导不当造成的，那就是说如果家长引导正确了，孩子就没有错了，也不再犯错了，最终的结论就是好的训练对孩子会有好的效果，全在家长会不会训了，训好了就是好孩子啊。这当然也是我个人乐观的想法了。

我理解的另一层含义是，我们眼中孩子犯错，其实不是错误，是孩子本身固有的特征，我们应该做的是理解孩子为什么会做成这样，并以我们的能力向周围所有认为孩子有错的人，解释孩子为什么会这样，而不是以我们所谓的正确标准来要求孩子改变。简单地说，我们眼里的孩子的错不是错，而是我们本身的概念错误，我们要改变自己的想法，不能去改变孩子。这话说着挺绕的，也同时是一种很悲观的解释，但当我听了星星雨校长田惠萍老师的讲座，这种理解就不应该有错了。

田老师是自闭症训练界的名人，只要对这个病有一定认识的人，都听说过她的故事，她的儿子是中国第一位被诊断为自闭症病人的人。她多年一直在做自闭症训练及相关工作，她曾说过：“我要感谢我的儿子，他带给我一片新的领域，让我的生活变得充实而有意义。”田老师现在不做一线工作，只在每学期做几次讲座，主要是给家长们扫盲：“自闭症是一种终身性的发育障碍，现今世界上无任何医药可治，家长们不要以为带着自己的自闭症孩子来到星星雨上两个半月的课，毕业时就能带着一个好孩子回家，你们的孩子训练结束后还是自闭症，但他需要训练，并需要你们回家对他长期训练。”

这是一个需要我多么大勇气才能接受的现实，我的嘉嘉被诊断为自闭症，这证明我最心爱的宝贝，我用全部身心去呵疼的儿子，将会是一个终身残疾的人，我却不得不面对，但事实由不得我去悲痛，我没有时间，没有精力去悲痛，我要做的，是打起精神训练孩子，在这最佳时期把他的潜力挖出来。

回到家，我爸爸对我说：“咱这自闭症孩子就像跟咱们隔着一层很厚的冰，咱们这训练就是磨冰，一寸寸地磨，十分磨成九分，八分，七分，一点点儿的，让这冰越来越薄。”是啊，虽然我还很迷茫，不知道未来会怎么样，但这个目标是有的，一步步来吧。

跟着安老师学了不少方法，对孩子该立规矩的时候一定要严格。班里一个小女生，拿着妈妈的学习计划翻着玩儿，安老师要求她妈妈把东西拿回来：“你要让她知道，这个东西是妈妈的，不是她的玩具，你若现在让她玩，明天她就拿着划，后天她就拿着撕，过几天你的学习计划就全烂了，你要让她知道妈妈很重要的东西不能给她玩，这是在教孩子社会原则！”那个妈妈把东西拿回来，小女生那个哭啊，非要再拿回去，但是老师和妈妈都不理她，把她的玩具和书放在她面前，过一会儿她的注意力就转移到别处了，也就不再哭了。

孩子在得不到满足时哭闹，如果家长此时满足他了，那他以后哭闹的次数会越来越多。这后来在训练嘉嘉时也成了我的原则，虽然我父母有时非常看不下去，但随着训练时间的增长，嘉嘉已经明白了，哭闹在妈妈面前没什么用，即使哭了，他照样得不到想要的。

说起第一次给嘉嘉上一对一，我的印象太深刻了。ABA里面强化是非常重要的。安老师也经常说：“如果没有强化，就不要教孩子，就像我，如果不给我工资，我为什么要上班呢？”为了强化的问题，我也问过李老师，既然强化物要选孩子喜欢的东西，像嘉嘉遇到零食，山楂片、薯片、糖之类的总是没够啊，我用这些当强化物，把孩子的瘾给勾起来，控制不住怎么办啊。后来在上安老师的课时，安老师给了一个明确的回答：“平时要把强化物收起来，放在孩子拿不到的地方，如果强化物他很容易得到，那就起不了强化的作用了。”

我摆好小桌子小椅子，让嘉嘉过来上课，内容是物品配对二选一，把两块不同颜色和形状的塑料插片放在桌子上，然后拿出一片跟桌上其中一片一模一样的，让孩子找一样的放一起。物品配对的练习区分颜色形状质地。我拿山楂片作为强化物。结果，嘉嘉看到了我手里的山楂片，就越过小桌子揪我的手抢，我推他回去，他又站起来抢，反复拉扯很多遍，最后嘉嘉急了，直接跑到我身边掰我的手，他从头到尾没有说一个字，嘴里啊啊地喊，最后哭出来。我一直攥着没给他，要求他回去上课，他哪里肯听，哭着就来抢山楂片，最后我把山楂片放到了厨房顶柜里，坐在沙发上跟他说：“咱们不上课了，现在你要坐在小椅子上，妈妈就给你拿山楂片。”他也不坐，干脆趴地上哭。我当时也气急了，不理他。这时我父母已经看不下去了，但由于我事先强调，这是我跟星星雨学来的训练方法，他们不可以管，我父母才只是在旁边看着着急，没有说话。嘉嘉在地上哭一阵没人理他，他就爬起来，狠狠地瞪我一眼，走到小椅子那坐下，马上伸小手，那意思我坐下了，给我山楂片！我起来说：“好，乖乖坐好了，妈妈去拿山楂片。”结果他马上也跑到厨房。我拦住他：“怎么回事儿？你起来就没有山楂片了！”然后我继续回沙发坐着，嘉嘉又哭了。

那是第一次上课的结果，嘉嘉没有吃到山楂片。

对于这样的结果，我挺无奈的，这怎么训练啊。下午上课前我请教了安老师，在教室里安老师听了我说的情况，很明确地指出，一是孩子在坐下那一瞬间，已经算是对我的指令做出正确反应了，我应该第一时间给他强化，但由于我要去厨房拿山楂片，强化不及时，导致他再次爆发，这绝对是我的问题。再有孩子能够坐好以后尽量延长他静坐的时间，可以把他的手按在腿上，数1、2、3、4、5，他动不了，就再奖励，如此延长静坐时间，就可以重新回到上课的状态。老师的一番话，我茅塞顿开，还得说是专业的老师啊，即使没有见到孩子，还是能给予我正确的指导。后来安老师成了我的恩师，直到最近，我还经常找安老师讨论问题。

嘉嘉虽然在第一次训练表现出极大的情绪，但第二天、第三天，他的情绪明显有了改善。跟我上一对一小课时能够坐好，手放好，并按我的指令做配对和认知练习，并在我不断地指导下，吃饭时学会说："我要吃饭。"我爸爸非常高兴，说嘉嘉在短短一个月内有了很大进步，但我没有太大感觉，毕竟他已经三岁四个月了，跟同龄孩子相比差太多了。这也是后来安老师在课上批评家长们经常说的话："你们的目标总在不断地升高，根本不考虑孩子的状况，孩子不说话时你们要他说话，他说话了你们又要他多说点儿，他说一个词了你们又要说句子，归根结底还是你们家长的问题！"这又是我的错误了。

在星星雨学习四五周的时间，我跟那里的家长和老师们都认识了，他们大多知道我家住得很近，天天来旁听，参加这期班的家长和孩子来自全国各地，我没见过哪家是北京人。他们都很羡慕我在北京，又住得离星星雨这么近，唉，我家当初买房时也没想到这离星星雨近啊！

2012年7月13日，我跟往常一样到星星雨上课，负责接待的小刘老师找我，问我今天可不可以带孩子来测评。星星雨对孩子能力测评1500元一次，由训导主任负责做，出具测评结果和训练计划，今天约好的孩子临时不来了，小刘老师想到我家近，如果孩子能来就找主任做了。

我马上给我爸打电话，他正带着嘉嘉在小区外玩沙土呢，听了我的话马上回家，拿了钱打个车就到了。博老师是星星雨的训练主任，一位非常权威的老师，她负责给嘉嘉测评，我和我爸可以在旁边看着。测评一共四个小时，上午两个半小时，下午一个小时，在上午的测评结束后，博老师跟我说："孩子很聪明，学习能力很好，很多东西一教就会，简单的指令也会听，如果说他在今年4月份还像你写的那种表现，只在两个多月的时间有这么大的进步，我判断他不是典型的自闭症，应该是小儿发育迟缓，自闭症的孩子不可能在两个月的时间内有这么大进步。"听老师这话我眼泪都快下来了，要知道这是星星雨最有经验的老师，她每年接触过的自闭症孩子成千上万，能让她对嘉嘉给予这样的评判，对我们太难得了，她的话在我们心里已经超过了医生的诊断。我和我爸真正体会见到一丝曙光的感觉。

博老师还说："嘉嘉之前之所以在幼儿园有那些表现，可能因为他焦虑，他找不到家里人，不哭出来，就用乱跑的方式表示。幼儿园的老师毕竟不是特教老师，不可能理解孩子。你们可以尝试带他去普通幼儿园，先从上一个小时课开始，告诉他妈妈在等你，下课就回家，逐步延长他集体生活的时间。"博老师给我的建议真让我太感动了，同时我爸也问是不是嘉嘉可以不再来星星雨上课了，博老师并不是那个意思，星星雨做的是家长培训班，来这里是家长学习方法，不是为了这两个半月把孩子提高到什么水平。同时博老师也对我提出了："你们对孩子教的东西太少了，我拿这么多常见的东西，你自己都对我说，这个没带他去过，这个没让他见过，这个没让他学过。你们日常给他的刺激太少了，孩子就得多教。"

"不用太复杂太多的教育，生活中任何东西都可以教，比如我们拿个杯子，这是什么？是杯子，干什么用的？喝水的，什么颜色的？什么东西做出来的？摸摸硬的还是软的？里面有没有水？有一杯还是有半杯？这个杯子是谁的？这些都可以成为课题。"说实话即使学了一个多月的时间，我还没能悟到博老师说的这些，听了老师的话我才明白，教育孩子本身就是一门学问，这还是我的错误。最后我们对博老师千恩万谢，这次测评给了我们新的希望。

我打电话给所有关心我们母子的亲戚朋友，大家都在为我高兴，鼓励我继续努力，孩子会越来越好的。舅妈说："听你打电话这声儿跟前些日子都不一样了，这真是好消息，你们继续努力，有什么需要就说话啊。"我就是一个情绪化的人，基本上给点儿阳光就灿烂。

我后来又百度了一下关于小儿发育迟缓的问题，基本上表现跟自闭症孩子差不多，也是需要及早进行干预训练。现在老师说他有进步了，我才真正正视嘉嘉的进步，对以后的训练有些信心了。

转眼到了9月份，我爸妈的意思让嘉嘉等2013年9月份再报个幼儿园试试，小区里的小朋友大多是今年上幼儿园，咱们只是晚一年而已。但我总想能给嘉嘉找个上集体课的机会，毕竟在家训练，他已经完全能跟从我了。这段时间，我带他转遍了家附近的早教机构，是有一些亲子班可以上，但都是周末才有，我带嘉嘉试听了两次亲子班，他虽然也有时会乱跑乱动，但比起去年冬天上亲子课要好多了，唱歌跳舞都能跟上老师，就是跟人进行语言交流还达不到，只会回答基本的问题。

星星雨新一期课又开了，我带着嘉嘉来到这儿，让他学习跟这里的老师打招呼，赵老师见到他说这孩子挺好啊，你可以送他去幼儿园了。后来见了安老师，由于我们请安老师到家上过课，嘉嘉对她有印象。安老师也建议我们去幼儿园，负责反馈班的樊老师也同意，他说："我有个学生就在星星雨南边的定辛庄一个幼儿园上课，那个园长来星星雨学过，你可以上那里问问，你孩子可以到她那先上半天的。"

说实话我对幼儿园没抱太大希望，毕竟之前那个幼儿园老师们的反应对我印象太深了，我不想再次遇到那样的事。但既然有星星雨老师的介绍，我还是决定去试试，经过查询走访，我找到了嘉嘉现在上的那个幼儿园。

嘉嘉后来真的上幼儿园了，那个园长是我见过心眼儿最好的园长，她收到樊老师那个学生，是一个典型自闭症孩子，同时还有一个脑瘫孩子，一个唐氏综合征孩子，这些孩子与其他正常孩子每天一起上课，这里没有排斥，没有歧视，所有孩子都在上课。当园长说你孩子不错，来试几天吧，我安排老师专门带他。我的眼泪又出来了，我说："谢谢您，没有您这里，我都不敢想把孩子送到幼儿园里，真的很感谢您！""我就是觉得你们这些妈妈太可怜了，孩子这样，我会尽我所能帮你们，也让这里的老师尽量帮你们，对这种孩子我们也没有太专业的知识，我们有的就是爱心。"听她这话我眼泪刷刷的，已经不知道该怎么说了，就这样嘉嘉在这里一直上幼儿园，而后我在2012年9月25日，找到了一个新的工作，重回职场上班。

我们的训练一直在继续，晚上我回家固定教他一个课题，现在嘉嘉练习拿笔划，从点连线到仿划，继续训练中。之前我们又带他到北大六院找郭主任看诊，带上安定医院病历，博老师的测评结果，以及我4月份写的嘉嘉的情况，同时又写了一份经过训练后嘉嘉的情况。郭主任的门诊看了将近一个小时的时间，最后给我的结论是同意博老师的测评结果，嘉嘉有轻微的自闭症行为，但主要病症是小儿发育落后。同时他也强调，上幼儿园同时不能放松训练，这个病同自闭症一样不容忽视，如果孩子在小学三年级以后很难再有进步，那这个孩子就是智力障碍，俗称弱智，智障。对于大夫的诊断结果，我已经完全坦然接受了，不管以后会发生什么，不管嘉嘉到底是不是一个残疾孩子，我所应该做的就是训练他。星星雨的田老师对自己的儿子训练了二十多年，一直在教，我也不要放弃，我也训嘉嘉一辈子吧。

现在单位的会计大姐在听了我的事后，说你可真够心大的，这孩子这样你还挺乐呵呵来上班。我说我四五月份那会儿什么样您是没看见，现在想想那时，匆忙离职，带孩子回娘家，天天去上课，用田老师当年的话："我活过来了！"

星星雨我们并没有退，我已经跟接待的刘老师说要上明年2月份那期，那时嘉嘉在幼儿园上一段时间，跟老师好好找找他的不足之处，我再放下现在的工作，带他上星星雨系统学习，争取有更大的提高。那时的我，绝不会再有刚到星星雨旁听时痛苦的心境了。

我这人真是懒，当初很多人让我写写训练孩子的经历，因为这毕竟是一个冷门的领域，涉猎的人并不多，但我一路迷茫地走着，直到重回职场，才想写写这段经过。而一动笔就这洋洋洒洒一大篇，估计请人来看也没人看得下去。但我还是要在结尾写出我对所有关心帮助过我们的人的感谢。

感谢所有关心过我们母子的亲戚朋友！你们的每一分鼓励我都记在心里！

感谢我最心爱的宝贝嘉嘉！你的成长就是我的成长，我们一起努力，再用文章最开始那位伟大母亲的话对你说：“儿子啊，你不康复，我不敢老，让我们一起努力走下去！”

（作者：李萌）

与星星的孩子分享快乐

他们是先知者，我们是后行者。因为他们，我们比照自己、调整修炼自己、共享生命。

当初是本着复杂无助的心出发——自己妹妹的孩子是个脑瘫儿童，需要有一个康复的环境，我就必然地接触到更多的智障孩子，包括自闭症孩子。偶然相遇，让我在心灵琐事的露珠中，找到了清晨而变得清爽。在2012年7月我们成立了一所——自助、互助、他助、致力于心智障碍儿童发展的一所专业的“智星园”儿童教育康复训练中心。

星星的孩子给了我另一种人生关照：让我感知生命的本质，我们的人生路上，看到的、听到的人间不幸，大都会天真地认定、这些必然与我无关，不幸只会发生在某些人身上，但不会是我的家庭，为了平安或福祉在路上奔忙、迷失、痛苦、失落、迷惘。

自闭症的孩子就像天上的星星一样，活在自己的世界里，人们通常这样描述，自闭症孩子不聋，却对声响充耳不闻；他们不盲，却对周围人与物视而不见;他们不哑，却不主动开口说话。他们每天用陌生的眼睛盯着这个似曾相识的文明社会，但他们不稀罕文明，却被关在文明里，被迫看人和人争挤，他们睁着大眼睛淡漠地看着我们这个自言自语的文明世界（自编自导的文明世界）。他们听不懂文明世界里的噪声，反而没有烦恼，他们不知道我们在哪里，在干什么，我们知道他们在哪里。

生命中有一个很奇妙的逻辑，在我遇到这些残障孩子后，我发现他们简单地生活着，他们不会与人特别亲近、沟通。心中不起波澜、清澈宁静。他们有自己的独特生活方式，独自快乐、独自清醒、带着一些无法测知的神秘。反观我们每天有内心的安宁吗?

人活着不一定平安，平安不一定快乐。我们在文明的世界中，逃到哪里能安放下这颗心。很多时候，大家互为局外人，谁看透谁、谁对谁错,谁来做那个一直提醒着我们的局外人。

自闭症的孩子像我们的朋友：可以容纳文明社会的欢乐与痛苦的倾泻，自己不动摇。我们用另一种角度和自闭症孩子相处，他们是我们的田园，您以爱心播种，以感恩的心收获。他是您的餐桌和壁灯，因为您内心饥渴时去找他，又为求安宁寻他。

与他共享生命吧，因为他满足您的需要，而不是填满您的空虚，我们和他们多了心灵与精神的联系，少了欲望的纠葛、去掉浮躁。自闭症的孩子们给了我们另一种人生关照，原来真的有这一种活法：习惯于寂寞，安下心来微笑、简单，这样方能赢得愉悦的内心世界。他们的人生，给了我们人生教导：我们也从他们的身上，学到一些可贵的东西——和命运和解、学会等待。

公众积极主动地了解、接纳、包容、关注、参与到公益中来，让更多公民参与公益，共同感受新的公民生活方式和人生态度，共同改善和推动社会文明进步！

（作者：王静怡）

东旭新村的蒲公英

很偶然的，喜欢上了蒲公英，一种再平凡不过的野花。其实，对于从小在南方农村长大的我而言，蒲公英并不鲜见，雨后的草丛中，总能找到那些玲珑的身影，凑近嘴唇、奋力一吹，球形的花冠顿时化作轻盈的翅膀，随风飞扬。儿时的那种喜欢，更像是一种孩提时的童趣，而真实意义上的喜欢，是因为女儿函、因为星星雨，或许是爱屋及乌。

在2012年的春夏之交，我和妻子带着三岁多女儿来到星星雨，租住在与星星雨一路之隔的东旭新村一处公寓。与城市中的居民小区环境不同的是，位于东旭新村的这个小区几乎每家每户都在门前种上各类瓜果蔬菜，这也给其他植物提供了生长空间，月季花、鱼腥草、喇叭花、爬山虎，还有许多不知名的花草。尽管已是初夏，但这个京郊的小区院子里，还是那般的绿意盎然，充满着生机。

我们一家租住的公寓在小区深处，隔窗一排杨树外就是怡乐南路，到星星雨上课有一段不到10分钟的路程。初到星星雨，女儿函还是非常依赖爸爸的，这段每天两个来回的路，都是要抱在怀里或背着走的。不久后，听从老师和家长们的建议，我们试图牵着函走，也许是对环境已渐渐熟悉，函也由排斥变为接受，后来却显得十分乐意。

背着小书包、牵着父母的手，函的步子是那样的欢快。而在一天早晨，函却在一处草丛前停下了脚步，她挣开了我的手，冲进草丛、缓缓地蹲下身来，伸出小手摘下了一朵白色的蒲公英。眼随心动，她将这朵蒲公英伸向我，还没有语言的她冲着我“嘟嘟”地叫着，我和妻子非常乐意地告诉她——“蒲公英”。还无法仿说的函依然“嘟嘟”着，似乎还不满意，于是我将嘴凑近函手中的那朵蒲公英，使劲地将白色的花儿吹向空中。

顿时，女儿的眼神中充满了惊奇与光彩，她不禁雀跃起来，张开双臂追随着那空中飞扬的“精灵”，试图抓住它们，好不容易抓住一朵，她又会捧在手心里，再次“嘟嘟”着向我们展示。类似的互动，其实在我与函的生活中并不少见，而蒲公英的“加入”，让我和妻子依然觉得是那样的可贵。在“星星儿”眼中，关注事物远远多于关注人，但我觉得，由物及人，未尝不可。

从那之后，无论是上学还是放学，在草丛中寻找蒲公英，成为了我们父女俩共同的乐趣。一朵、两朵、三朵……吹向空中、追随捕捉、互动分享，孩提时的童趣化作沟通的纽带。而每天四趟的寻找，必经之路上两侧草丛中的蒲公英，是不够摘的，但即便是到傍晚，函还是不愿意放弃寻找，哪怕是找到一朵发育不良的蒲公英，她也显得十分兴奋。而若遇上雨天，在雨后的清晨，当一朵朵白色的蒲公英从草丛中钻出时，那便是函最快乐的时光。

离开星星雨回到闽南，已有一年多的光景。回首在星星雨的日子，至今仍难以忘怀：难忘木星班、难忘张老师、难忘那一群老伙伴和小伙伴们、难忘班里的那只人见人爱的“拍拍鼓”、难忘操场上那台可同时坐四人的秋千椅、难忘村委会后侧的烧烤摊……当然，难忘的还有东旭新村的蒲公英。

在2013年的夏天，我所在的工作单位考虑到函的特殊情况，特意调整我们一家到单位院子内的家属楼居住，花园式的院子里也开满了蒲公英，函又邂逅了她的“小伙伴们”。这于函、于我，都是意外的惊喜。如今，函摘下蒲公英已不再“嘟嘟”了，而是正确说出它们的名字，吹向空中，依然是那样的愉悦。

与娇艳欲滴的花儿相比，蒲公英脱俗，洁白得如新娘的婚纱；可是它会飘，有着小小的白色的翅膀，你很难抓住它；就算得到了，在手里紧紧握着，它会凋零，很快地凋零，只要风吹过，它就飘荡，去了自由的远方。在写下此文之时，我特意百度了“蒲公英的花语”，意为：停不了的爱，无法停留的爱。父母之于“星星儿”，不正是这样吗？

（作者：林恩炳）

因为我们在，世界无孤独

2009年8月19日，我带着孩子第一次来到了星星雨。参加了家长培训班，对自闭症和康复训练有了初步的了解，从这里带回去目前国内最科学的训练知识和方法，更为重要的是摆正了心态、调整了情绪，带着孩子回家生活。而如今我作为机构负责人和骨干教师回到了曾经熟悉的地方，角色不同、角度不同、立场也不同，接触到更多孩子，对这个行业的了解也更为全面。八周的学习生活使我收获了知识，收获了眼界，收获了友谊，更收获了对自闭症事业的热情。

这次的学习使我对ABA的理解又更进一步，ABA将自闭症视为一种行为不足或行为过度综合征，该症状可以通过专门精心的训练计划得到改善，而我们学习的内容正是如何去针对每一个自闭症患儿的特点去为他制订和执行这个训练计划，制订要实行个别化方案，执行要灵活运用回合操作教学法，要有合理的目标，要有及时的辅助，更要有使得期望行为继续发生的有效强化。这些都是自闭症干预的一些基本要素。在学习理论的同时，更要和实践相结合。每学习一个内容，就会在实践操作中进行有针对性的练习，把所学知识运用到孩子身上，再从孩子那里得到反馈，发现问题，及时改正。有扎实的理论做基础，实践操作就更加清晰明确，有计划性和针对性。

每周一次的家长会都会请星星雨和国内知名的专家来做专题讲座。田老师作为星星雨的创办人，可以说是我们家长和老师心目中的一面旗帜，她作为中国第一代自闭症家长，多年来一直身体力行宣传和推广自闭症教育的发展，把世界上这个行业最前沿的理念和知识传播到中国，使成千上万的家庭获得帮助。

她的现身说法让我们感同身受，她的精彩讲授让我们豁然开朗；王秀卿和薄宏莉老师被田老师称为星星雨大师级的人物，此言非虚，两位老师用多年的个案经验为我们梳理ABA的基本知识，深入浅出的讲解使我深深地体会到经验的重要；吴良生老师有多年的结构化教学经验，通过参观养护部和听吴老师的讲座，我对TEACCH有了全新的认识；还有我们初级教师培训班的樊庆伟和冯云红两位老师，我们的每一个困惑和每一次操作中的问题都能从他们那里得到满意的答案，他们对我们的帮助于无声处润物。

初级班的24名学员来自全国各地，我们为了一个共同的目标来到这里学习，我们互相帮助、互相关心，结下了深厚的友谊。在学习的过程中从他人处看到了自己的不足，也把自己的一些经验和想法与他人分享，我们共同进步、共同成长，为的是一份共同的事业。

最初投身于这个领域是以一个家长的身份，目的很简单，学到训练孩子的方法，回到家能更好地带自己的孩子。当真正进入到这个行业时才感触到还有那么多的孩子和家长处于盲目和懵懂的状态。作为一名特殊需求工作者要担负起这个责任，首先要明确自己的角色定位，认真倾听家长的诉求，给孩子提供有效的训练方案并付诸实施，对孩子的家庭训练及未来规划提出合理化建议，呼吁和倡导全社会关注弱势群体，争取更多社会支援。

其次要端正工作态度，心怀大爱，耐心细致。最后要提高专业素养，不断完善自身业务水平，向家长学习，向同行学习，也要向孩子学习。要时常反思自己的缺点和不足，扬长避短。我要把收获的这份热情在今后的工作中发扬，让爱在我的手中传递。

特教老师是一份平凡又神圣的职业。我们虽然从事的是教育工作的一部分，但面对的是一群落入凡间的天使，他们需要我们的帮助、呵护。我们对待家长要有热情，对待工作要有激情，对待孩子要有感情。通过我们的努力，使自闭症人拥有平等的发展机会，享受正常化生活。我坚信因为我们在，世界无孤独。

（摘编自《星星雨通讯》）

写给儿子的信

曾经，我那么以你为傲！你漂亮、你聪明、你自信、你又那么神秘！曾经，我那么害怕人，那么自暴自弃！

我是一个追求完美的人，因为你，儿子，我曾经以为得到了完美，我和你妈妈都觉得我们三人是最幸福的。然而，生之为人，存活于世，福祸真无常。我不认为我是这人世间最不幸的那个人。

难受过后，我醒悟生活还要续之。我的儿子，我不能让你一直在那自闭症的世界一直孤独下去，我想方设法、穷尽才思，想把你的病给治好。

我倾家荡产、四处求医，想让你开口说话。我以我的方式强迫教给你我认为对的方法。我认为我是一个好爸爸，我起早贪黑、用尽心思，努力着要做个好爸爸。儿子啊，真的对不起，你还记得你第一次叫出“爸爸”吗？我真不愿意你记着，而我却深深牢记：你双眼含泪(看得出是那样的委屈)，在我数十次逼你叫“爸爸”后，你终于叫出了“爸爸”，可那声音里满含着愤怒与伤心！你喊完之后，转身趴在床上，失声痛哭。我，你的爸爸，在第一次听到你叫“爸爸”后本应高兴的我，傻在那里。

那一刻，我惊醒，这是真正的背道而驰，而且是那么理直气壮，那么急切。

对不起，儿子，我真的不知道如何待你，才是对你好。我知道，你每次都在原谅着我，你依赖的目光，你轻柔的拥抱，你香甜的亲吻，都能证明！可我还要说对不起，我曾经那么不友好地对待过你，我真是万分后悔。时光若能倒流，我一定会好好待你的，因为我知道了，我学会了如何当一个好爸爸，我一定会让你感觉不出病前与病后的差别。

然而，时光终不能倒流。那么，儿子，让我们一起忘掉过去吧，让我们重新开始吧；

儿子，让我们一起向着健康、快乐的美好时光努力，好吗?

（作者：墨轩爸爸）

星星雨啊星星雨

自闭症在世界各国的各个阶层、各个种族均有发现。一些文献报道，男女发病率差异显著，比例约为四分之一，而且该病发病率不低。随着全世界现代化进程加速，自闭症有增加的趋势。根据统计，自闭症的发病率约占人口总数的万分之十至十五。按此比例推算，中国大约有180万自闭症患者。

近日，一直从事于自闭症儿童早期干预治疗的非赢利组织，北京星星雨教育研究所(“星星雨”)恰逢十周岁生日。“星星雨”与北京师范大学特殊教育研究中心联合举办了“自闭症行为分析”研讨会。会上，国际著名心理学家、孤独儿童教育领域的专家伊瓦·洛瓦斯教授，及其他6位来自美国、日本和德国的“行为分析训练法”和自闭症儿童教育及社会问题专家，与中国和东南亚国家的特殊教育人士、自闭症儿童家长进行了广泛交流。

自闭症英文名为“autism”，也叫“孤独症”，是儿童发育的一种障碍，该障碍影响到患儿大脑对外界刺激的感知能力，导致患儿在社会行为、语言交流和学习活动方面有严重的障碍。

自闭症的发现最早可追溯到1938年。美国精神科医生凯纳观察到一个5岁的男孩唐纳德表现出一些奇特的症状：这个孩子似乎生活在自己独有的世界里，他旁若无人，记忆力惊人却不能与人正常对话，说话时你我不分，迷恋旋转木棍、平锅和其他圆形物体，对周围物体的安放位置记忆清楚，同时对位置的变动和生活规律的轻微变化感到烦躁不安。后来凯纳又陆续观察到10例与唐纳德类似的孩子，1943年他报道了这11名儿童。这11名孩子被凯纳诊断为早发性婴儿自闭症，因为是凯纳医生首先发现，又被称为凯纳综合征，这就是我们今天所说的儿童自闭症。

自闭症的病因尚不明了。但可以肯定的是，它不是由父母教养态度和孩子的成长环境造成的。目前的研究表明，自闭症是由于患儿大脑在孕早期(30周以前)受损所致，且导致受损的原因是多方面的。由于病因不明，无法通过化验或仪器确诊，当前的诊断方法主要是通过观察孩子的行为表现，将他们与诊断标准中的症状相比较。目前国际上通用的诊断标准是：DSM-4和ICD-10。

对于自闭症患儿来讲，只有早发现、早干预，进行行为矫治，才能帮他们缩短与正常社会的差距，让他们早日融入社会。如何才能发现孩子有早期的自闭症倾向呢？以下的十几种行为就是自闭症的早期表现：严重缺乏社会适应及与人交往能力；明显及有特征的语言发育障碍；举止行为刻板，活动兴趣狭隘重复；严重缺乏进行象征及想象性游戏的能力等。

自闭症当前流行和广为业界认可的治疗方法，是产生于20世纪60年代、由美国加州大学心理系主任探索出的“行为分析训练法”体系(全称为“应用行为分析训练法”，英文为Applied Behavior Analysis，简称ABA)。美国加州大学心理系伊瓦·洛瓦斯教授率先探索和发展了运用ABA专门训练自闭症儿童的方法体系。研究证明，采用ABA方法对幼年的自闭症患者进行训练，可以有效地减轻患者的症状，改善和提高自闭症儿童的社会交往能力，从而为他们的学习能力和智力潜力发展奠定基础。

“行为分析训练法”体系是迄今为止唯一用数据证明其有效性，并且形成了一套包含操作技巧(回合教学法)和课程内容及其结构的方法体系。与其他理论和方法相比，ABA最大的优点在于非专业人员可以学会并操作它，其实用性和普及性都很强。40多年来，采用ABA训练自闭症儿童的有效性已经得到越来越多的证明和认可。

十多年来，“星星雨”就是运用行为分析训练法对自闭症儿童进行治疗，并取得显著的效果。出于我国现阶段的国情和经济上的考虑，“星星雨”也培训家长，即根据行为分析训练法的课程内容，以及“星星雨”教师长期教学的心得、经验，运用生动的案例和灵活多样的教学形式，使家长在轻松的氛围中学习到行为分析训练法的主旨。

2002年对于患有自闭症的孩子扬扬来说，应该说是进步很大的一年。

2002年5月，扬扬在爷爷和奶奶的陪同下来到“星星雨”接受训练。刚进幼儿园时，扬扬的自我约束力很差，经常做一些“违反纪律”的事情，如撕墙壁上的贴画，乱动玩具，随意开关电视，擦去正在使用的黑板上的字，不按时返回教室，等等，还因为不能用语言表达，常常发火、大叫。

根据扬扬的表现，“星星雨”制订了一系列的教学计划。计划内容包括：认知、语言、交流、生活自理、精细动作和大动作等7个方面，计划分别由小甲班两位老师及家长共同实施。扬扬除了跟班学习外，在课下时间也可以得到老师的一对一的训练(如教说话)，家长也经常辅助孩子在幼儿园的学习(如绘画、课文、手工、体操等)。

为了吸引扬扬的注意力，家长和老师每天在课前练习与他“对视”，以达到做任何事都要目光到位的目的。针对他性格固执、注意力不集中，纪律性差等问题，“星星雨”的老师用各种方法调理、严格要求他。如扬扬有时会因不能用语言表达而急躁、发脾气、大叫甚至哭闹，这时候老师就会用安抚和转移注意力的办法使他安静下来。有一次，扬扬在教室突然大哭起来，老师了解到，他是想下楼到院子里玩，于是就领他到院子里转了一圈(并说明今后上课不能随便离开教室)。回到教室后扬扬不再哭了，而且很高兴，从此不随便下楼了，因为受到大家的关爱和帮助，他逐渐喜欢上了这里。

为了使扬扬能坐下来认真听课，最初上课时老师让他坐在自己身边，随时监控。当扬扬能坐住以后，就让他和同学坐在一起，如果表现好，老师就叫小朋友们拍手鼓励他，经过一段时间的努力，扬扬已能够坐在位子上完成一节30分钟的课了。

为了锻炼扬扬与小朋友交往，老师首先设法让他认识班上的同学，预先找个同学向他介绍姓名、特征。熟悉后，让扬扬从同学中用“指认”或“拉过来”的方式找到那个同学。如老师说：“扬扬把苗苗拉过来”或“扬扬把书送给苗苗”等，他能够准确地找出苗苗，并把他拉到老师面前。

为了培养扬扬在幼儿园的生活自理能力，如洗手、入厕、饮水、排队等等，开始老师采用同学帮忙的办法，和他一起上厕所，洗完手后拉着他及时回教室，习惯后扬扬只要稍加辅助便可自己完成了。

为了使扬扬具有一定的是非观念，老师平时注意他的行为，并及时予以帮助、辅导。如果扬扬做事做对了，老师就会鼓励他，说他“真棒”；做错了，老师则会耐心地教导，说明错在哪里并指出正确做事的方法。例如，扬扬喜欢掐幼儿园的花，老师批评了他，并象征性地打了一下手心，领他到花草前，用他的手去指或摸摘掉的花和正开的花，同时说明花是看的不是随便摘的，事后再拿他的手试探性地去触摸花草时，他迅速地将手缩回。加上以后的随时提醒，扬扬很长时间不再乱采和摘花了。

在扬扬结束“星星雨”的训练以后，他的爷爷和奶奶在感谢信中这样写道："当我们离开'星星雨'时，孩子在语言方面迈出了艰难的一步：能开口叫'爸爸'和'奶奶'了，听指令和体能方面都有了明显的进步，我们那压抑的心情开始得到一定的缓解，也看到了希望。我们从心里感谢'星星雨'！"

"星星雨"由一位自闭症孩子的母亲——田惠萍于1993年创办，是中国第一家服务于自闭症儿童的民间组织(NGO)，十多年来共有32个省、市、地区的2060名自闭症儿童接受了指导和训练。同时，该组织也为自闭症儿童家长(包括其他家庭成员)提供有关咨询、家庭训练指导服务，为自闭症儿童的养护、教育人员提供"行为训练"技巧培训。

据"星星雨"发展部孙忠凯介绍，"星星雨"不是一家医疗机构，而是教育或者说疗育机构。与其他一些自闭症患者治疗机构不同，"星星雨"不但是非赢利的(NGO)，而且负责教学的老师也是受过专业训练的。具体的教学分为理论(每周有一个主题)和实践操作两部分，教师大多采用一对一教学法，针对孩子的特殊性，选择合适的教学手段，使之于短期内在能力上有最大的提高。实践证明，经过两个半月的训练，孩子都有一定程度的改观。各种能力的进步都比较明显。此外，"星星雨"还为一些家长提供观摩服务。据统计，每年接受观摩服务的家长大约有300～400人。目前，来"星星雨"参加培训的人员非常踊跃，现在报名，可能要等到一年半到两年之后才能上课。

在孙忠凯看来，"星星雨"之所以在同行内做得比较突出，首先在于适合中国的国情——有关自闭症的培训机构少。患者家长渴望学习对孩子成长真正有用的知识。其次，"星星雨"最大限度地利用了国外在治疗自闭症患者方面的资源。"星星雨"所长田惠萍每年都要到美国、英国等国家，与政府和民间的自闭症治疗机构进行交流和沟通，并和他们建立了广泛的联系。再次，当前的中国社会也缺乏有关自闭症专业领域的教育资源，如高校里根本没有所谓的ABA专业，专门做自闭症的机构也比较少。“星星雨”由于有在这一领域的10年研究的经验，因此，容易做出成绩，得到社会和广大家长的认可。

笔者看到，在“星星雨”这个大家庭里，有很多来自各个单位的志愿者。家长在上课的时候，孩子就由志愿者看护，的确给家长减轻了很多负担。孙忠凯指出，志愿者是非常丰富和宝贵的社会资源，而得到了这部分资源的支持和协助，会极大地帮助“星星雨”乃至自闭症患者。志愿者的踊跃参与，对形成关爱自闭症患者的良好氛围有很大作用。

孙忠凯深有感触地说，谈到关心自闭症儿童时，有很多人认为正常的儿童都关心不过来，更不必说关心自闭症儿童。其实，自闭症儿童也是儿童，比起正常、健康的儿童，他们更需要关怀，更需要获得社会的尊重。希望整个社会和政府一起来关注和支持自闭症患者，给他们提供发展和快乐的空间。

当问及“星星雨”在发展过程中遇到哪些困难时，孙忠凯坦言资金短缺是“星星雨”发展的最大障碍。由于该组织属于非赢利机构，不能像其他商业性组织那样，赚自闭症孩子和家长的钱，他们收取的学费远不够支付机构的正常开支。但另一方面，“星星雨”的生存也离不开经济方面的支持，如教学用地的租用，刊物的印刷，请专家讲课等都需要自己负担。由于社会筹措资金困难，“星星雨”面临的阻碍也越来越大。因此，“星星雨”呼吁社会和政府的支持，希望各界能够伸出援助之手，为自闭症孩子多献一份爱心。

（作者：张贵勇，原文刊于《中国教育报》）

III

孩子们的绘画作品

孩子们虽然不说话，却是世界上最成功的演说家。因为他们会画画，这些图画是他们的心语。这些心语如星星一般璀璨，汇聚在一起便是夜空下最温暖的爱与包容。

毕昌煜小朋友画作

毕昌煜小朋友画作

林派派小朋友画作《侧影》

林派派小朋友画作《海底探测器》

林派派小朋友画作《花荷包》

林派派小朋友画作《花帽》

林派派小朋友画作《绿调》

林派派小朋友画作《梦》

林派派小朋友画作《淑女》

林派派小朋友画作《温馨花瓶》

王浩语小朋友画作《奔跑的格格巫》

王浩语小朋友画作《微笑》

王浩语小朋友画作《小兔子回家》

张默飞小朋友画作《初春》

王浩语小朋友画作《音乐之声》

张默飞小朋友画作《湖光山色》

张默飞小朋友画作《花影》

张默飞小朋友画作《菊花》

张默飞小朋友画作《庆祝》

张默飞小朋友画作《秋天》

张默飞小朋友画作《圣诞老人》

张默飞小朋友画作《鲨鱼》

张默飞小朋友画作《我和鸽子》

周蔚然小朋友画作《快乐》

周蔚然小朋友画作《剑兰与海星》

周蔚然小朋友画作《绿苹果》

周蔚然小朋友画作《螃蟹》

周蔚然小朋友画作《无名花》

历届毕业画（1）

2011年第4期 火星班

历届毕业画（2）

田海腾
李伊铭
韩明宇
赵继豪
唐佳欣
蔡智
王耀
兰振琨

历届毕业画（3）

2011年 第四学期

历届毕业画（4）

二〇二二年第四期金星班毕业留念
小屋

历届毕业画（5）

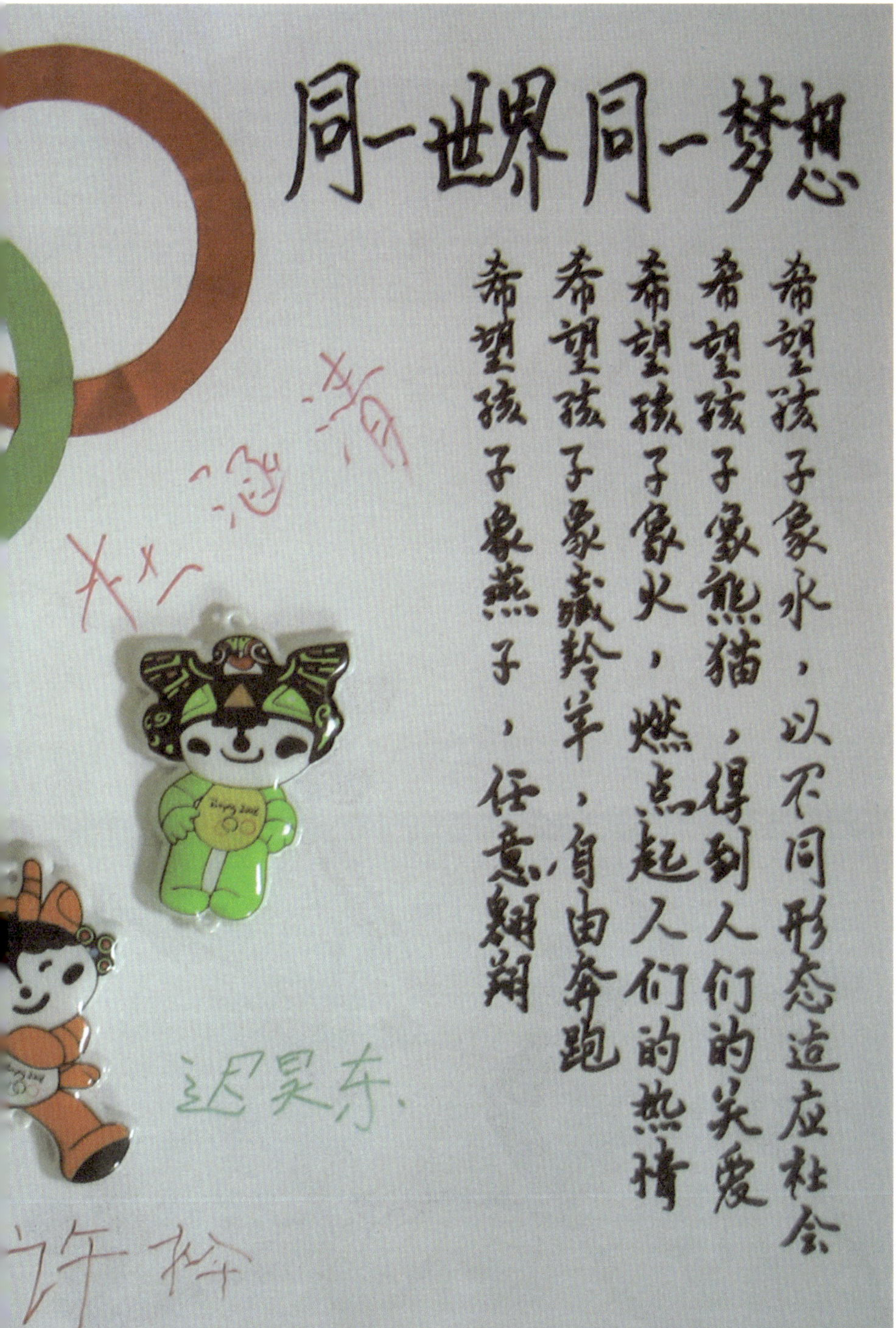
同一世界 同一梦想
希望孩子象水，以不同形态适应社会
希望孩子象熊猫，得到人们的关爱
希望孩子象火，燃点起人们的热情
希望孩子象藏羚羊，自由奔跑
希望孩子象燕子，任意翱翔

历届毕业画（6）

008年第一期 火星班
走向阳光
迈过荆棘

历届毕业画（7）

天高任鸟飞
海阔凭鱼跃
2008年第一期
土星班

历届毕业画（8）

人间
LOVE

历届毕业画（9）

二期本星班

历届毕业画（10）

Ⅳ
自闭症相关介绍

自闭症是一个医学名词，又称孤独症，被归类为一种由于神经系统失调导致的发育障碍，其病征包括不正常的社交能力、沟通能力、兴趣和行为模式。自闭症是一种广泛性发展障碍，以严重的、广泛的社会相互影响和沟通技能的损害以及刻板的行为、兴趣和活动为特征的精神疾病。

自闭症相关介绍

1. 症状

① 严重缺乏社会适应及与人交往能力。

② 明显及有特征的语言发育障碍。

③ 举止行为刻板，活动兴趣狭隘重复。

④ 三岁之前有明显症状表现。

⑤ 严重缺乏进行象征及想象性游戏的能力。

2. 特点

对声音没有反应，对疼痛不敏感。拒绝接受变化，对环境冷漠，鹦鹉学舌。拒绝拥抱，喜欢旋转物品。莫名其妙地发笑，抵抗正常学习方法。奇怪的玩耍方式。动作发展不平衡，缺乏目光对视。不明原因的哭闹，特别好动或不动。用动作表达需求，特别依赖某一物品。无法参与同伴的活动，对真正的危险不惧怕。

3. 病因

医学上目前尚无明确的结论，但可以肯定的是，它不是由父母教养态度和孩子的成长环境造成的。目前的研究表明，自闭症是由于患儿大脑在孕早期（30周以前）受损所致，且导致受损的原因是多方面的。

4. 诊断

由于病因不明，无法通过化验或仪器检测确诊，目前的诊断方法主要是通过观察孩子的行为表现，将他们与诊断标准中的症状相比较。当前国际上通用的诊断标准是：DSM-4和ICD-10。

5. 发病率

根据国际统计比例，自闭症的发病率约占人口总数的万分之十至十五。它出现在全世界范围内，不受民族、人种及社会背景的影响。据此推算，在中国应该有180万名自闭症患者。

与自闭症儿童沟通交往的技巧

对于自闭症儿童而言，具备耐心、爱心是最基本的要求，唯有如此才能与他们进行适当的沟通，进而引导他们表达出自己的真实需求与情感。

所以在与自闭症儿童沟通过程中，有下列原则：

1. 若发现他以不正确的方法使用器材或造成危险时，请立即教他正确的方法，千万不要与他们开玩笑或指责他、谩骂他。

2. 有时候他会因遗失了什么或身体不舒服而大声嚷叫，甚至紧张得不知所措而四处走动时，请“先观察”再问：“你要做什么？”“你怎么了？”然后再去帮他或教他解决问题的方法。

3. 当自闭症儿童和人玩游戏时，一时不了解游戏规则，不懂怎么玩时，记得先以手势和动作示范玩法，帮助他了解游戏规则；万一示范一次仍无法让他了解，不妨多示范几次，直到他了解为止。

4. 有一类自闭症儿童，大部分的时间他不会主动去接近别人，缺乏与人相处的方法，有时还会喃喃自语、答非所问。当你想和他沟通时，除了试着叫他的名字外，还要想办法“对住他的眼睛”，如蹲下你的身体，使双方目光的水平一样高，让他知道你正在和他讲话。

5. 如果自闭症儿童对你或欲与他互动者的呼唤没有反应动作时，我们可以用语言或手势提醒他，但千万记得不要替他做或为他先做，如提醒他拿出某物而不是代他拿出来。

6. 自闭症儿童在某种情境中，尤其在被他人干涉时，往往会因为情急之下而情绪失控，或者说出不恰当的话，此时我们千万不要嘲笑他，要立即示范正确的行为并解释，让他知道原因。

7. 当自闭症儿童出现鹦鹉式的模仿说话时，请重复他的话并将他所说的话转变成疑问句，再询问他的意思。如当他模仿你说“喝果汁”时，你可以用疑问的语气反问他：“你的意思是要喝果汁吗？”

8. 有些另类自闭症儿童会主动找人对谈，但内容重复或不恰当，无法表达他想与人建立某关系之需求，要记得尽量善意响应他，并且引导他话题及继续对谈之技巧。

9. 当孩子自己不知道要做些什么，而无目的四处游荡时，应尽可能地为他找一些活动或教他做一些简单的工作，尽量减少自闭症儿童的不正当行为出现。

10. 对于那些不能很好回应别人要求的自闭症儿童，我们要学会控制住局面，尤其在进行那些你希望他做而他会拒绝的活动时，我们要成为行动的主宰者。

11. 有些自闭症儿童缺乏主动向别人表达自己需求的能力和欲望，请认真观察他们的每个动作，用心了解他们的需要。

12. 当孩子有不适当行为的时候，不要一味地迁就，而要坚持原则，帮助他们建立是非的概念。

13. 对于无语言的孩子可以教孩子用手势表达需求，如要什么就指出来，上厕所辅助孩子拍拍屁股。

自闭症特殊教育行业发展现状及趋势

编者按：行业发展现状调查分为三部分。

1. 2009年、2010年加入“心盟”网络的同业机构的调查。

2. 2009年第四学期和2010年第一、第二、第三学期的家长调查。

3. 国外同业机构为青少年、成人自闭症人提供的服务模式。

1. 2009年、2010年加入“心盟”网络的同业机构的调查

本次调查是以调查问卷的形式通过电子邮件向心盟自闭症网络93家成员机构发出93份调查问卷，2010年11月5日发出，截至2010年11月9日收回调查问卷39份。

（1）机构成立时间

说明：统计数据来源于2007年制定《2008～2010战略规划》信息收集时“心盟”43家成员机构的调查数据，以及2010年制定《2011～2013战略规划》信息收集时“心盟”39家成员机构的调查数据，共计82家机构。

表1　1991年～2010年成立的自闭症特殊教育机构数量

成立时间（年）	1993	1994	1997	1998	1999	2000	2001	2002
机构数量（家）	1	2	1	2	1	3	4	4
成立时间（年）	2003	2004	2005	2006	2007	2008	2009	2010
机构数量（家）	22	10	7	7	4	7	6	1

数据分析：

通过以上的统计数据可以看出，成立机构最多的是2003年，那么我们可以以2003年为分界线来分析行业发展的趋势。1993年～2002年的10年间，有18家机构成立，平均每年开办1.8家自闭症特殊教育机构。2004年～2009年的6年间有41家机构成立，平均每年开办6.8家自闭症特殊教育机构。虽然2003年之后的6年里，机构成立的数量比之前10年的数量呈数倍地增长，但都没有2003年数量多。由此可以看出，自2003年始，中国大陆开始更多地关注到了自闭症群体，关注自闭症群体被教育的需要，更多的人投入到与此相关的行业中来。同时，人们也逐渐地更加趋于理性。

“北京星星雨教育研究所”（以下简称“星星雨”）作为中国大陆第一家自闭症特殊教育机构，以及“心盟”网络的发起者，就应该清楚地认识到，我们除了在国内同业机构的早期阶段提供能力建设支持和教师培训之外，我们还能为已经进入正轨和发展成熟的同业机构做些什么？使得我们在同业机构的不同发展阶段都是“被需要”的，而不是他们复制了“星星雨”的服务模式后彼此成为竞争者。

另外，因为同业机构的增加，家长们在社区或者本市、本省就可以得到相关的服务，因此也就会给“星星雨”的生源带来一定的影响。那么“星星雨”如何在同业机构逐渐增加、行业不断发展的社会背景下保持生源？

（2）机构创办人身份

表2　机构创办人身份、数量

创办人身份	数量（家）	所占比例（%）
家长	17	44
非家长	22	56

数据分析：

2007年的调查显示，当年接受调查的43家“心盟”同业机构中，90%的机构是由自闭症儿童的家长创办的。此次调查的结果是44%的机构是由自闭症儿童的家长创办的，56%的机构是由非自闭症儿童的家长创办的。通过数据的变化，可以看出社会中更多的人关注自闭症的教育需求，因此带动了部分的企业经营者和教育专业的人员投身于自闭症教育，为自闭症特殊教育行业的管理和专业发展起到了一定的促进作用。

“星星雨”虽然已经开办了17年之久，机构有明确的NGO定位，发展了比较成熟的服务模式，占有其他机构没有的部分优势，但是，内部管理有待进一步提高和缺乏更加合理的激励机制。这是制约“星星雨”进一步发展的瓶颈，在新的三年战略规划中如何解决这些问题，关系到“星星雨”未来的发展。

（3）机构注册形式

表3　机构注册的形式、数量

注册形式	数量（家）	所占比例（%）
工商注册	5	12.8
民办非盈利企业	26	66.7
工商转民非	1	2.6
与残联联办	1	2.6
挂靠市残联	1	2.6
教育局注册	2	5.1
未注册	2	5.1
无法注册	1	2.5

数据分析：

此次被调查的39家机构中有66.7%的机构为民非，5.1%的机构在教育局注册，2.6%的机构成功地办理了工商转民非。通过以上的数据可以看出中国政府及相关的政府部门，在对待民办自闭症教育机构的态度上有了较大的转变。

“星星雨”目前还是工商注册的机构，在未来三年的战略规划中，如何注册成民非是需要解决的问题。通过获得更加符合“星星雨”机构性质的身份，保证更加稳定的发展。

（4）政府相关部门对待机构的态度

表4　政府相关部门对待机构的态度

政府相关部门对待机构的态度	数量（家）	所占比例（%）
给予各种形式的支持	11	28.2
认可机构的存在，给予较少的支持	7	11.9
认可机构的存在，但不给予任何形式的支持	20	51.3

续表

政府相关部门对待机构的态度	数量（家）	所占比例（%）
不认可机构的存在也不给予任何形式的支持	1	2.6

数据分析：

通过上表的数据，可以看出政府相关部门对于28.2%的民办机构的态度是“给予各种形式的支持”，对17.9%的民办机构的态度是“认可机构的存在，给予较少的支持”。虽然政府相关部门给予支持的民办机构的数量不到50%的比例，但是和2006年之前政府相关部门对于民办机构不闻不问的态度相比，已经发生了很大的变化。所以“星星雨”应该进一步努力，争取得到政府相关部门更多的支持。

（5）机构服务主体对象障碍类型

表5　机构服务主体对象障碍类型

障碍类型	数量（家）	所占比例（%）
自闭症	39	100
智力障碍	25	64.1
脑瘫	10	25.6
多动症	18	46.2
学习障碍	18	46.2
感觉统合失调	1	2.6

数据分析：

被调查的39家机构的服务对象中均有自闭症人，可以看出这些机构都接纳自闭症人，并为他们提供相应的教育服务。由于中国大陆自闭症教育服务机构的支持体系缺失，这为“星星雨”向同业机构提供支持性服务创造了机会。

（6）服务对象的年龄范围

表6　服务对象的年龄范围

年龄段（岁）	数量（家）	所占比例（%）
0～3岁	28	71.8
4～6岁	28	97.4
7～12岁	36	92.3
13～18岁	7	17.9
18岁以上	0	0

数据分析：

目前绝大部分的机构为12岁以下的儿童提供服务，只有17.9%的机构为13～18岁的自闭症人提供服务，没有一家机构为18岁以上的自闭症人提供服务。因此，“星星雨”可以通过自身在行业中的影响力，带动更多的机构为13～18岁的自闭症人提供服务，并提供相应的技术支持。可以尝试为18岁以上的自闭症人开办庇护工厂，为具备一定独立工作能力的自闭症人提供支持性的就业服务。

（7）机构规模

① 学生人数：被调查的39家机构中，学生人数最少的一家为7人，最多的一家为102人。

表7　各年龄段学生数量

学生人数（人）	1～10	11～20	21～30	31～40	41～50	51～60	61～70	71人以上
数量（家）	2	12	5	7	5	3	0	4
所占比例（%）	5.1	30.8	12.8	17.9	12.8	7.7	0	10.3

数据分析：

被调查机构中，学生人数规模差别悬殊，大部分机构的学生人数在11～50人之间。

② 员工人数：被调查的39家机构中，员工人数最少的一家为5人，最多的一家为54人。

表8　各机构员工数量

学生人数（人）	1～5	6～10	11～15	16～20	21～25	26～30	31～40	41人以上
数量（家）	2	9	8	8	4	3	2	2
所占比例（%）	5.1	23.1	20.5	20.5	10.3	7.7	5.1	5.1

③ 教师专业背景

表9　教师专业背景

专业背景	数量（家）	所占比例（%）
特殊教育	31	79.5
幼儿教育	35	89.7
普通教育	26	66.7
社会工作	12	30.8
心理学	22	56.4
医学	14	35.9

续表

专业背景	数量（家）	所占比例（%）
艺术类	8	20.5
文秘	4	10.3
听力语言康复	1	2.6
计算机	1	2.6
高中毕业生	1	2.6
设计	1	2.6
运动康复	1	2.6
英语	1	2.6

数据分析：

调查结果显示，大多数机构的教师是由幼儿教育、特殊教育、普通教育、心理学等专业背景的人员组成的。虽然都涉及教育和心理学领域，但是目前社会对自闭症的认知程度不高，为在职的短期专业培训提供了空间。

④ 场地性质

表10　场地性质和数量

场地性质	数量（家）	所占比例（%）
自有	3	7.7
租赁	34	87.2
政府免费提供	2	5.1
基督教会赞助	1	2.6
服务本区的孩子可以抵交房租	1	2.6

数据分析：

被调查的机构中87.2%的机构所使用的场地是租赁的，虽然只有2家机构得到了政府免费提供的场地，1家机构的场地由基督教会免费提供。通过以上的数据可以看出政府相关部门和相关社会组织对民办机构的态度的转变。

（8）资金来源及所占比例

表11　资金来源及所占比例

资金来源	数量（家）	所占比例（%）
服务收费	39	100
社会捐助	21	53.8
政府资助	17	43.6
其他	4	10.3

调查综述：

被调查的机构中绝大部分是2009年和2010年加入“心盟”的机构，成立时间较晚，各方面发展得不成熟。而创办较早、发展得比较成熟的其他机构没有接受本次调查，所以本次调查的结果只能反映被调查机构的现状。这是本次调查的不足之处。

2. 2009年第四学期和2010年第一、第二、第三学期的家长调查

以下调查是“星星雨”教学部在每学期开学时向家长发放调查问卷、收回调查问卷后统计出来的数据。四学期共发出180份调查问卷，收回调查问卷176份，问卷回收率为97.8%！

（1）您是怎么知道“星星雨”的？

表12　知道“星星雨”机构的渠道　（单位：%）

	家长介绍	媒体	网络	其他
2009年第四学期	61	10	44	4
2010年第一学期	56	10	49	8
2010年第二学期	50	5.3	55.3	5.3
2010年第三学期	42	8	66	12

（2）在来“星星雨”之前，您的孩子去过哪些类型的训练机构？

表13　未来“星星雨”之前所去过的训练机构　（单位：%）

	幼儿园	特殊教育机构	没有去过任何机构
2009年第四学期	38	63	10
2010年第一学期	36	79	13
2010年第二学期	39.5	84.2	7.9
2010年第三学期	48	78	10

（3）您所去过的机构的服务对象？

表14　所去机构的服务对象　（单位：%）

	孩子	家长
2009年第四学期	83	8
2010年第一学期	62	21
2010年第二学期	86.8	7.9
2010年第三学期	76%	10%

（4）您所去过的机构使用哪些方法？

表15　所去机构的教育方法　（单位：%）

	行为训练	结构化	感觉统合	音乐治疗	其他
2009年第四学期	63	24	63	24	16
2010年第一学期	46	10	51	31	18
2010年第二学期	68.4	36.8	73.7	36.8	10.5
2010年第三学期	60	30	68	22	14

调查综述：

本部分的调查对象是服务的接受方，以上数据可以和第一部分服务机构提供方相关调查项目的调查数据进行比较，也是对第一部分调查数据的补充，使得调查数据更加客观，能帮助我们更好地了解中国大陆自闭症特殊教育行业的发展现状。

3. 国外同业机构为青少年、成人自闭症人提供的服务模式

对自闭症人的社区康复是近年来的国际发展趋势。据研究，这是解放父母的唯一出路。在社区中设立由社区管理和政府付费的康复机构，方便家长白天将孩子送去就近入托，晚上接回来，从而有了一份可以相对独立的自己的生活。同时，政府无须为自闭症人员专门建立大量的专业机构，只需要在现有的社会福利服务网络中加入专业人员和提供必要的资金，既省力又省钱。

比如，社区的各种福利设施，包括养老院，都可为自闭症人的成年养护乃至养老提供方便。因此，发达国家的自闭症家庭选择社区康复的比例很高。遗憾的是，在我国，社区医疗和康复才刚刚起步，还谈不上为自闭症人提供社区支持。

关于自闭症人就业问题。国际经验证明，自闭症人不是不可以工作，其中

的十分之一可以工作。尤其是在超市摆货架，在图书馆码书等单纯型工作，自闭症人常常可以胜任而且干得比正常人还要认真。但是一旦出现与旁人打交道的情况，如请他让开过道这样的小事，也会惹他发火，甚至掀翻货架。

总之，要让自闭症人主流化，与正常人一样上学、就业、养老，需要建立健全社会的支持体系。它需要专业社会工作者在自闭症人进出的所有社会机构包括学校、超市、图书馆提供行为辅导和信息咨询等方面的支持，需要在各个社区普遍进行关于自闭症的社会教育，教给正常人学会如何适应和善待自闭症人。

以下是美国和日本的服务机构为青少年和成年自闭症人提供的服务：

（1）美国堪萨斯州威奇托市心灵之春

心灵之春是一所建校已经70多年的为脑智力障碍人群服务的机构，有政府的支持，其中大部分学员是自闭症人，针对青少年自闭症人的服务模式主要以养护训练为主，学员来自本国较多，也有外籍学员。所以在校寄宿是长时间的，除非学员家人要求带孩子回家休假。学员在学校生活、学习和接受各种训练。

训练根据孩子能力制订教学计划，学校不会因为孩子能力太弱就剥夺其正常的社会化生活。比如，外出参加各种社交技能的训练：去超市买东西，去动物园游玩，去为其他同样需要帮助的弱势群体服务等。

所以说，在发达国家残疾人的生活是比较丰富和有保障的，有政府和各种先进学校的支持。青年自闭症人从学校毕业后，部分自闭症人会进入成年的养护机构，部分自闭症人会由相应的企业或福利工厂接收，有专业的人员陪同参加有报酬的工作，同时也为家庭减轻了很大的负担。

（2）日本岐阜县美谷会

成年（中年、青年）养护部：有多种的障碍类型，多数是智障，也有一些自闭症和肢体有障碍者。主要提供以下服务：

养护服务：能力不好的就会一天待在屋子里不出来，会有工作人员负责他们的日常生活照料，如定点吃饭、洗澡、睡觉、每天下午喝茶等。

庇护性就业：能力好一些的会从事庇护性的工作，都是简单的手工劳作，他们会从中得到报酬，而且多劳多得。有专人负责为他们找事做，拿回半成品让他们加工。

有一个自闭症人就是天天剪牛奶盒（日本的废物回收做得非常好），有一个19岁的男孩子组装下水道的拐头。

支持性就业：能力好的，白天会出去工作。有的在餐馆工作，有的在附近的企业工作。

成人公寓：美谷会为外出工作的障碍者提供夜间住宿管理服务。

社区支持中心：美谷会还在周边的社区开设了社区支持中心，如面包房、加工作坊、纸盒包装作坊等。这里的工作人员多数是中心所在社区的障碍人士，美谷会的员工专门为他们“接活”、“送货”和白天的生活照料。下班后，有的障碍者会回到自己家住，有的会跟着美谷会的车回到美谷会的住所里，享受正常化的生活。

心智障碍服务领域NGO行业分析和网络建设研究

1. 研究背景

与全国其他领域里的草根组织一样，心智障碍服务领域的NGO在整体上已经经历了十余年甚至更长的发展历程，其组织遍布全国几乎所有的省份。在中国社会的历史上，这是一段了不起的经历。但问题的另一方面却是，虽然有着如此骄人的历史运作时期，心智障者的服务机构一直像雨后春笋一样，诞生一批又消失一批，绝大多数生存下来的也都没有摆脱艰难困苦的局面。这是看起来令人费解的局面，因为我们总期望这些组织至少通过以下三种途径之一获得自身的发展壮大：

第一，凭借着自己的打拼而成长起来，如同中国市场化初期的企业经营一样。

第二，影响着政府的相关政策。或者至少凭借等待而使政策发生改进，将公办与民营服务组织一视同仁地对待。

第三，随着社会化公益的萌生，更多的社会资助方涌现出来，心智障碍服务领域会发现更多的资助渠道，获得更多来自社会的资金支持。

为什么其中绝大多数的组织并没有走向强大呢？

平日里听得最多的说法是政策问题对于NGO生存和发展的制约，相关的研究也揭示出政策问题有待改善之处，因而我们的确需要梳理一下相关政策的现状，看一下民办社会服务机构是如何受到与公立机构不同的待遇的。并且将此政策与民办组织的特殊作用联系起来，看一下政策问题都有哪些不合理之处。这样的政策问题的揭示，将为相关的研究人员和政策制定者提供参考依据。

但是，政策问题只是上述三条渠道中的一条，它不能解答所有问题。在政策问题既定的情形下，NGO就一定没有自己的生存之路了吗？于是，看到与政策问题关系不大的另一条路，这就是社会化公益这条路：通过来自基金会、企业社会责任部门、国际机构的资金来资助公益组织的成长与运作。在这一条道路上，社会资助方是否已经开始进入到心智残障服务领域了呢？如果已经进入或可以进入了，那么就要看社会选择机制为什么没有选择这些有着悠久历史的组织：是它们的公信力不足？是它们的专业性不够？这些问题的答案都需要我们去探索，然后告诉广大的NGO。

在政策道路与社会选择道路之外的第三条道路则是服务收费之路。我们需要看一下，该领域可以在多大程度上实行服务收费机制。如果这一条道路走得通，那么没有选择它就是NGO的失职；但如果该道路无法走通，那问题就该到别处寻找了。

显然上述三条道路中，政策问题是不是唯一问题这一点尤为关键。如果答案是肯定的，而NGO又是不可代替的，那么，我们应该一心一意进行政策上的倡导工作；如果答案是否定的，就需要寻找另一条道路，在做政策倡导的同时，看一下自己还需要发展什么，以免为政策问题所误。于是，我们通过研究，让NGO自身以及研究者、政策制定者更清晰问题出在什么地方，将更有益于我们以后道路的行进。

本次研究分为前期研究调研和论坛交流讨论两个方面。在前期调研中，北师大公益研究中心访谈了15处位于北京的具有代表性的心智障碍服务NGO，并从政策、组织内部管理、服务的专业化、资金的运作和行业网络化建设五个方面对心智障碍服务领域面临的问题进行了初步的梳理和分析。本报告将前期调研中的初步结论以摘要的形式呈现出来，希望能够促进与会代表在论坛中更好的交流和讨论。

2.心智障碍NGO的政策平等对待

通过心智障碍领域NGO所处的政策环境与此次访谈，我们能清楚地看到，目前大部分的民办机构对相关政策法规的逐渐完善还是持有肯定和支持态度的。

但是，目前心智障碍领域民办机构与公办机构在注册登记、人员待遇、国家补贴、税收项目等政策上仍呈现出巨大差异，而这也从根本上直接导致了心智障碍NGO在自身发展中面临多重难关。

（1）心智障碍领域公办机构和民办机构的政策差异有哪些？

表16　心智障碍领域公办机构和民办机构的政策差异

	公办机构（以培智学校为例）	民办机构	残疾人社区服务（以温馨家园为例）
注册登记	政府相关部门直接管辖，主管单位明确，注册登记与合法身份不成问题。	根据《社会团体登记管理条例》《民办非企业单位登记管理暂行条例》与《基金会管理条例》，民办机构需要接受业务主管部门与登记部门（民政部门）的双重管理，即民办机构要先找到一个业务主管部门，经业务主管部门的同意才能在民政部门登记。如果没有登记将导致民办机构得不到法律的认可，工商登记将面临国家税收，而目前民办机构普遍面临民非注册登记困难状况。	社团办，市残联，社会保障局、财政局等相关部门联合管理，以社区为单位进行管理，合法身份获得承认。
人员待遇	教师有相应国家编制、固定收入、教师补贴等；工作人员根据岗位不同享受国家不同待遇与补助。	民办学校的老师、受教育者与公办学校的教师、受教育者具有同等的法律地位。民办学校教职工在业务培训、职务聘任、教龄和工龄计算、表彰奖励、社会活动等方面依法享有与公办学校教职工同等权利。但教师的工资、福利待遇、社会保险由民办学校承担，民办学校教师无法获得	服务人员，享受相关福利待遇与政府补贴。

续表

	公办机构（以培智学校为例）	民办机构	残疾人社区服务（以温馨家园为例）
人员待遇		与公办学校教师相同的待遇与保障，工资收入不稳定、师资力量来源少、师资流动性大。	
场地资源	办公场地、教学楼、操场、水电煤气等相关费用由国家政府承担或予以补贴。	《中华人民共和国民办教育促进法》《关于支持社会力量兴办社会福利机构的意见》等政策法规尽量提出相应政策，但在具体操作中，由于注册、市场、政策规定等原因，民办机构办公场地、教学楼、操场、水电煤气等大多不享受政府优惠、补贴，费用由民办机构独立承担，无优惠或补贴政策支持。	办公场地、教学楼、操场、水电煤气、就业培训等相关费用由国家政府划批专用用地或予以经费补贴。
税收政策	免税：税收优惠	依据《中华人民共和国民办教育促进法实施条例》等政策，民办非企业机构享受税收优惠；工商注册的民办机构的筹划收入等资金需缴纳相关利税。	

续表

	公办机构（以培智学校为例）	民办机构	残疾人社区服务（以温馨家园为例）
国家补贴	根据《残疾人教育条例》《全国特殊教育“十一五”发展规划》等政策法规，残疾人免费接受普通义务教育；享受公用经费保障；公办特殊教育学生的学费、住宿费等费用补助。	根据目前政策法规，由于缺乏相关扶持政策，民办机构极少直接享受国家对机构在学费、床位费等内容上的补贴。	国家针对智障人直接给予补贴，对项目实行专项经费补贴（以北京“温馨家园”为例，进入“温馨家园”的心智障碍人士每人享受750元国家补贴以及午餐补贴等）。
政府项目	定向项目资金；拥有主管部门项目资金投入；与相关政府部门关系良好、沟通渠道多，申请项目途径多。		享受国家专项资金。

（2）心智障碍NGO在政策上面临哪些困难？

① 注册登记难。

② 主管部门难找，管理部门不清晰。

③ 生源大多来自全国各地、民办机构的外地生源无法享受本地政策。

④ 心智障碍机构的政策支持欠缺。

⑤ 心智障碍领域的社会关注度低。

（3）政府在解决民办机构难关问题上的行动与存在的问题

① 国家政策法规不断修订、完善、细化，针对NGO组织的政策规范与监管已基本形成体系；相关民办机构的鼓励与扶持政策法规不断出台。

② 已注册民非的心智障碍NGO依法享有国家税收、监管等方面的义务与权利；工商注册在内的民办机构也可以根据每年政府提供的项目资金提出小额资金补助。

③ 以重庆市渝中区残障综合服务中心项目中的慧灵职业康复训练基地、“心巢之家”等为代表的政府与NGO合作的民办公助的残疾人服务发展模式显露端倪。

（4）为什么这些政策仍然没有为民办机构的发展创造出良好政策生存环境？

① 与NGO组织的迅猛发展比较而言，政策调整与实施具有周期性与相对

后滞性。

② 许多政策法规，无论是对NGO组织的监管规范还是鼓励扶持都停留在宏观指导或文字层面上，没有真正落实到实处，政策法规缺乏更为具体、细化、量化的操作规范与实际的政策执行力，各地政府在政策执行的过程中存在巨大的差异。

（5）民办机构的生存空间

① 心智障碍领域有强烈的社会需求没有被满足。民办机构有效地弥补公办学校在招生规模、招生范围、招生选择以及服务层面狭窄等方面的不足。

② 公办机构大多提供普适性服务，民办机构则可以提供更人性化、专业化和个性化的服务。

（6）政策建议

① 政府应该采购的理由：民办机构发挥了不可替代的作用，与公办机构的服务形成了有效的互补；中央政策趋势和国内外的成功经验证明心智障碍人士社会保障体系的完善离不开政府与 NGO合作，采购NGO的服务。

② 政府购买的可操作空间：心智障碍NGO自身的运作能力、管理模式的提升与发展；政府工作机制改进与政策完善。

③ 政府可以给予的最低支持力度：客观条件决定了心智障碍民办机构所需要的政策环境短期内无法实现与公办机构相同，那么为了促进民办机构

的健康发展，政府可以给予的民办机构最急需的支持（或者称之为最低限度的支持）是什么？

3. NGO服务的专业化

（1）服务专业化的重要性

① 民办机构只有提升自身服务的专业性，才能够促进政府采购。

② 只有提高服务专业性，才能让家长满意，从而在市场竞争中更好地生存。

③ 服务专业化的探索可以不断激发员工的事业成就感、归属感和自我价值实现，在提高员工专业能力的同时，促进了员工对机构的向心力。

④ 随着公办的残疾人社区服务机构(如温馨家园)的兴起与发展，民办机构如果不提升自身专业性，开发出专业服务上的优势，生存空间将会越来越小。服务专业化应该是目前NGO需要迫切考虑的问题，总体来说，NGO的服务的专业性还有很大的提升空间。

（2）民办机构在服务中的优势

① 服务领域广泛：填补了市场空白，为各个年龄段和各个程度的心智障碍者提供了服务。

② 人性化服务：NGO是以使命为驱动的机构，为心智障碍者提供了更加人性化的关怀。

③ 灵敏度：能根据实际情况灵活地、高效地调整服务策略；一些机构通过努力研发和钻研，开发出了优于公办机构的服务技术和模式。

（3）民办机构的服务中的不足

① 员工的专业能力建设不足，缺少提供员工素质的机制。

② 服务人群不够细分，许多民办机构在服务人群上覆盖了各个年龄段以及各种程度的心智障碍者，然而服务对象多元化的同时却不能够匹配足够的专业工作人员，结果导致针对每一类心智障碍患者的服务都不专业。

③ 积极探索、提升服务专业性上的努力不足，许多机构负责人没有很好地引导教职人员努力提升服务水平和研究能力。

④ 社区化程度不够，很多机构因为资金等方面原因，没有安置在社区中，对心智障碍者今后的社区和社会融入带来不利的影响。

（4）民办机构服务专业化的范例

① 着力提升员工的专业能力：北京震东方康复中心。

② 积极开展科研课题：新运弱智儿童养育院。

③ 社区化融入：利智康复中心、北京慧灵。

④ 与学术和医疗机构合作：星星雨教育研究所、海淀区金田特殊儿童康复中心。

（5）其他一些可借鉴的做法

① 送教上门：海淀区培智学校。

② 就业辅导系统：中国香港唐氏综合征协会、心路社会福利基金会。

4. 组织内部管理

（1）问题一：机构领导人传承机制不足，不重视接班人的培养，存在后继无人的风险。

① 目前很多民办机构在管理上主要还是领导主导型，机构负责人承担了所有机构主要的管理职能，而缺乏对后备管理人才的培养。很多机构在人才培养上缺乏耐心，没有给予后备人才犯错和成长的空间，久而久之，整个机构就很依赖于领导人个人，领导人往往疲于应对机构的日常事务，而没有精力去思考关乎机构发展的更重要的问题。同时员工的自身潜力和能动性得不到发挥，既是人力资源的一种浪费，又会导致部分员工的流失，更会造成机构的发展存在后继无人的隐患。

② 创始人或者领袖的个人魅力、能力、社会资源对机构的发展至关重要，在组织发展的初期，这一模式发挥了较大的作用；但随着时间的推移和组织的成长，这一模式的弊端也日益显现。

5. 优秀范例：星星雨教育研究所

轮流坐庄制：机构五个部门的负责人轮流担当机构的执行主任，时间是三个月一轮换。通过轮流坐庄制，既把创始人从烦琐的事务中解救出来，又锻炼了队伍，储备了人才。而机构的创始人则从日常的机构管理事物中跳出来，关注于研发、筹款和品牌建设等机构发展的战略性事务。

（2）机构人员不够稳定，机构留不住人。

① 很多民办机构发展受困于资金与人才，规模小、待遇低、人员流动性大、留不住优秀人才。

② 但资金只是留不住人的一个原因，员工流失也与一些机构的管理方式有关，组织文化的建设亟待加强。

③ 管理而非控制，不轻易用权利去控制，而是用权威和人格去引导。

④ 给予组织成员充分的成长空间。

⑤ 追求卓越，以高目标、高标准提领团队。

⑥ 让员工充分的参与、增能和赋权。

图书在版编目（CIP）数据

星星雨：星空下的幸福线/ 北京星星雨教育研究所主编. -- 哈尔滨：
黑龙江教育出版社，2014. 3
ISBN 978-7-5316-5677-7
Ⅰ. ①星… Ⅱ. ①北… Ⅲ. ①孤独症—儿童教育—特殊教育
Ⅳ. ①G76
中国版本图书馆CIP数据核字(2014)第041029号

星星雨：星空下的幸福线
XINGXINGYU：XINGKONGXIA DE XINGFU XIAN

作　　者	北京星星雨教育研究所
选题策划	赵　力
责任编辑	宋舒白　徐江宁
装帧设计	冯军辉
责任校对	石　英

出版发行	黑龙江教育出版社（哈尔滨市南岗区花园街158号）
印　　刷	北京彩眸彩色印刷有限公司
新浪微博	http://weibo.com/longjiaoshe
公众微信	heilongjiangjiaoyu
E-mail	heilongjiangjiaoyu@126.com

开　　本	700×1000　1/16
印　　张	14
字　　数	76千
版　　次	2014年6月第1版　2014年6月第1次印刷
书　　号	ISBN　978-7-5316-5677-7
定　　价	38.00元